新潮新書

野地秩嘉
NOJI Tsuneyoshi

伊藤忠 商人の心得

1082

新潮社

はじめに

本書『伊藤忠 商人の心得』は、前著『伊藤忠――財閥系を超えた最強商人』（ダイヤモンド社、2022年）の取材をしていた時に考えついたものだ。

当時、わたしは現会長兼CEOの岡藤正広、前会長の小林栄三を始めとする30人以上の伊藤忠関係者から話を聞いていた。そして取材している間、彼らが共通する言葉を持っていることに気付いた。「三方《さんぽう》よし」「商人は水」「商売は損得だけじゃない」「ビジネスパーソンというよりも商人と呼ばれたい」……。誰もが商人と受け止められることに誇りを持ち、商人の言葉を信じて仕事に励んだ結果、総合商社の業界で「万年4位」だった伊藤忠は、トップ商社になった。

さて、商人とはモノの売り買いをする人のことだけではない。客と接する人、客の心がわかる人が本当の商人だ。メーカーに勤めていても、公務員であっても、客の心がわかる人たちは商人だ。商人とは業種で決まるわけではなく、つねづね客と接し、客が欲しいものを作る人、客が望むものを探して持ってくる人をいう。

かつて文藝春秋に池島信平という社長がいた。創業者、菊池寛に見込まれて第三代の社長になった人物で、同社では中興の祖とされている。池島は新入社員が入ってくると必ずこう質問したという。

「キミ、ジャーナリストとはいったい何業だ?」

文藝春秋の入社試験を突破してきたのは、一流大学の一流学部を卒業してきた面々だ。入ってきたエリートたちは当たり前のような顔で答える。

「ジャーナリストは原稿を書くから著述業でしょう」

池島は机を叩いて怒った。

「違う。ジャーナリストは著述業ではない。ジャーナリストは接客業だ。机に座っていないで現場へ出ていけ」

なかには、「どこへ行けばいいんですか?」とアホなことを聞く新入社員がいた。すると、また怒った。

「子どもじゃないんだから、自分で考えろ。ニュースのあるところに決まっているだろう。犬が人を噛んでいるんじゃなくて、犬を噛んでいる人を探してこい」

商人になるのに天賦の才や特技はいらない。客に尽くす誠意と集中力があればいい。商人になるには天才である必要はなく、凡人でいいわけだ。

いや、むしろ凡人の方がいい。商品を買う人の99・9パーセントは凡人だ。凡人の心を知るには凡人として生活していた方がいい。

そんな商人が世間で商売していくうえで、決定的に重要なのは他人（客）の心がわかるかどうかだろう。逆に言えば、自分のことだけを主張しないことだ。世の中は広いから「自己中心的な商人」だっているだろうが、長続きはしない。誰だって、「自己中心的でひとり勝ちするのが好きな人」と長期継続的に取引をしようとは思わないからだ。

本当の商人は、自分ひとりだけが儲かることを指向していない。それよりも、みんなが損をしないで継続できる取引を考える。参加した関係者（ステークホルダー）のそれぞれが、たとえわずかでも儲かる道を必死に考える。みんなが儲かるのであれば、それぞれの参加意欲は高まる。それが商人の実利にもなるのだ。

言葉は理想を現実にする力を持っている。それを伝えたくて、現実の商売に役立つ言葉を集めて構成したのがこの本だ。本文の中から、自分なりの名言を見つけて、マーカーやラインを引いて読んでいただければ本望だ。見つけた名言の表現を自分なりに変えてもらってもまったくかまわない。商人の心得は神棚に上げて拝むものではなく、朝礼のスピーチやレクチャー、ビジネス現場でカスタマイズして使うものだ。鑑賞したり暗記したりするのではなく、実用品として使ってほしい。

なお、本書には近江商人の言葉など、前著と重複した表現が入っている箇所がある。前の本を読んだ方には申し訳ないが、前著を読んでいない方でも読みやすいように、あえて再掲することにした。

当然ながら、本書は伊藤忠商事株式会社の皆さんの協力がなければ書き得なかった。岡藤正広、石井敬太、小林文彦、鉢村剛の諸氏、広報部のみなさん、取材にお付き合いいただき、ありがとうございました。

野地秩嘉

伊藤忠　商人の心得——目次

はじめに　3

第1章　稼ぐ言葉　13

「か・け・ふ」の生みの親／つらい時でも真面目に仕事する／商人は水／客から説教されたら「しめた」と思え／用事がなくてもお客さんに会いに行け／営業は情熱ではない／営業はアート。科学ではない／シャンプーを売るならまず風呂場を掃除しろ／スランプの時は先を見ない／「少年よ大志を抱け」は余計なお世話／どん底で磨かれたレジリエンス／強いもんとケンカせえ／紳士服地の「本当のお客さん」は女性だった／「自分以外の誰かのために」がいちばん力が出る／仕事ではイニシアチブを握る／すそ野を広げれば頂上は高くなる／相手の言わない本音も汲み取る／契約は99パーセント決まってからが勝負／提携から買収へ／ブランドはファッションだけにあらず／常に「原則」に立ち返れ／ブランドマーケティングで垣根を取っ払う／手土産に無関心なやつは仕事ができない／説得と浪花節とちょっとした手土産／

胡蝶蘭と祝電は悪手／会社に届いたものを自宅に持って帰る人間は出世しない／商売の運は腰の低い人にやってくる／ベートーヴェンをぶっ飛ばせ／財閥系と勝負できるのは商人魂があるから／現場にぶち込めば商人として磨かれる／化学品の「受け渡し」は綱渡り／情報は声をかけにくい人が持っている／商人は小心者でいい／酒は人を酔わさず。人が人を酔わす／入社2年目で単身シベリアに／会社と個人をつなぐ期待と信頼の相互作用／バフェット曰く「オカフジさんはGood Storyteller」

第2章　近江商人の言葉　98

三方よし／自分だけを起点にして商売を考えない／「三方よし」が伊藤忠の企業理念になった理由／客先の在庫も自分の責任／持ち下り——総合商社の仕事のプロトタイプ／利益三分主義／ひとりの息子を育てるよりも百人の子どもを育てたい／利益は危地にあり／「だるまびき」と技術移転／熱心な浄土真宗信者／水運の利用／人格者を重用するな／優等生のアイデアは保守的で退屈／百人のうち九十九人に誉めらるるは善き者にあらず

第3章　口に出さない言葉　123
外部環境を言い訳にしない／難しい言葉でしゃべらない、難解な文章は書かない／「何か新しいことをやれ」とは言わない／過度な謙虚は美徳にならない／社員のやる気を引き出したいなら給料を上げよ／残業を追放／取引先への過度な優しさは自分の会社を潰す／契約を結んだ後でも、リスクを感じたら撤退する／悪いニュースを隠してはいけない／組織はあっという間に弱くなる／相場は商人がやらなくてもいいこと／最初から頂点を目指すな

第4章　働き方の言葉　151
自分の今の仕事を疑う／村の祭り酒／商売では「負け方」が大事／負けを極小化するための「か・け・ふ」／最上の守りは変身しながら攻めること／できる人間には難しい課題をやらせる／難事は自ら行う／名言は実践しなければ意味がない／信用をなくすのは簡単、取り戻すのは難しい／「か・け・ふ」の「削る」／相手が儲かれば

条件は変わる／「か・け・ふ」の「防ぐ」／商談はまずイエスから入れ／穏やかな人が良いものを作る／朝型勤務と110運動／米とようかんを背負ってジャングルへ／子どもは何人いようが大学院まで出す／いい賞品はブービーメーカーに

第1章　稼ぐ言葉

「か・け・ふ」の生みの親

伊藤忠はかつて商社の業界で万年4位、準一流の会社と呼ばれていた。現在は三菱商事、三井物産に次いで純利益は3位だが、時価総額では伊藤忠がトップである（2025年2月時点）。ちなみに2021年3月期決算では純利益、株価、時価総額の3つの指標で伊藤忠が業界トップに立った。

「準一流」と見られていた伊藤忠をまぎれもなく一流にしたのが現会長の岡藤正広だ。「か・け・ふ」という商人のための言葉も彼が作った。「か・け・ふ」とは伊藤忠が実行するべき商いの三原則で、稼ぐ・削る・防ぐの頭文字を取ったもの。

三原則の生みの親、岡藤正広は入社後すぐに頭角を現したわけではなかった。

つらい時でも真面目に仕事する

彼が営業マンとして稼ぐまでには雌伏の時代があった。入社して輸入繊維部門の配属になったはいいものの、入ってから4年間は「受け渡し」という事務作業に従事したのである。

彼が配属されたのは大阪本社にある輸入繊維第一部の輸入紳士服地課。生地の輸出と輸入を担うセクションだ。輸出の担当は「尾州もの」という愛知・岐阜近辺の繊維会社が織った羊毛生地（紳士服地）を中近東、アジアへ送り出すのが仕事だった。

一方、輸入の仕事では英国製、イタリア製の紳士服地を扱う。紳士服地のビジネスは商社だけで行うものではなく、生産者から小売りまでが一続きの規定ルートとなっていた。商社はルートのなかで輸入と、問屋、小売店への販売を業務としていた。

商品の紳士服地を生産するのは海外の生地メーカーだ。そして海外メーカーが作った生地を商社に紹介するのが生地エージェント（繊維商）である。商社は紹介された生地を輸入して、主にラシャ屋へ営業する。

ラシャ屋とは紳士服地を切売りする卸商のこと。生地を毛織物メーカーなどから反物単位で購入して、反物をテーラーやアパレルメーカーの注文に応じてスーツ1着分などにカットして卸販売している。ちなみに紳士服地の1反の長さはおよそ50メートル。スーツにすると20着分だ。

ラシャ屋の仕事量は多い。各テーラーやアパレルメーカーからの注文を受け、それぞれの店に送るために生地を裁断して包装して発送する。生地は柄、種類が多種多様にあるから春夏物、秋冬物など生地の切り替えがある時はてんてこ舞いの作業となる。

紳士服地の流通は複雑だ。それぞれの役割を整理すると、次のようになる。

1　海外生地メーカー（ブランド）
　商品提供者。生地エージェントには、商社の輸入額に応じた口銭（相場は7％程度）を払う。

2　生地エージェント（繊維商）
　海外生地メーカーと商社の仲介役。商社が購入したら、輸入額に応じた口銭をメーカーから貰う。生地メーカーのサンプルを持って商社と一緒にラシャ屋へ営業する。

3　商社
　生地エージェントから紹介された生地を輸入してラシャ屋へ売り込む。

4　ラシャ屋（卸商、問屋）
商社から買った生地を紳士服の仕立屋であるテーラー、百貨店の紳士服売り場、アパレルメーカーに販売する。

5　テーラー／アパレルメーカー
ラシャ屋から買った生地でスーツ等の製品を仕立て、消費者に売る。

営業マンとしての岡藤の仕事は、生地エージェントと一緒にサンプルを持ってラシャ屋へ売り込むこと。ラシャ屋へ行くことが日課だった。

しかし、彼は入社してすぐに営業に出たわけではない。前述のように、最初は受け渡しという事務職をして、業界知識、商品知識を蓄えた。通常であれば受け渡しは1年で卒業するが、岡藤の場合は次の新人が入ってこなかったこともあって、4年間もやることになった。

受け渡しの相手は主にラシャ屋だ。生地メーカーから仕入れた反物を発送し、請求書を発行、代金の取り立てを行う。取引先のラシャ屋とうまくやっていくことが要求される仕事である。ラシャ屋の社長にしてみれば、生地はどこの商社から買っても同じだ。

代金だって変わらない。そうすると、なるべく支払いを延ばせる商社、買ったものを倉庫で預ってくれる商社がいい。融通の利く相手と取引したいのが彼らの本音だ。

一方、商社の営業マンも生地を売るために調子のいいことを言う。そうした営業マンの後始末も受け渡しの仕事だ。「期日通りに入金してください」「倉庫に1年以上も置いたままになっています。倉庫代をもらいます」といった話をしなくてはならない。だが、通常は1年しかやらないので、ラシャ屋の社長にきっちり話をつける人はほぼいなかった。

岡藤は人一倍、真面目だった。真面目過ぎたこともあって、ラシャ屋の社長、社内の事務仕事にルーズな営業マンから嫌われてしまった。ついには先輩営業マンからこんなことも言われた。

「岡藤くんは天才や。受け渡しの天才。キミは受け渡しをずっとやっていた方がよろしい。事務はできるけれど、営業現場には向かないのと違うか」

4年間、つらいことの方が多かった。それでも与えられた仕事に真面目に取り組んだ。

商人は水

入社5年目、彼はやっと営業に出た。最初は当時の課長が一緒だった。岡藤は営業になった時、ひとつの「商人の言葉」を持っていた。贈ってくれたのは当時の本部長。後に伊藤忠の副会長になった商人としての先輩だ。

「商人は水や」

岡藤の脳裏にはそのひとことが焼き付いていた。彼の一生を決めた言葉であり、座右の銘とも言える。岡藤は説明する。

「水は方円の器に随《したが》うという言葉がある。水は器に随い、器が丸ければその形になり、器が四角であれば四角にもなる。商人も水のようにお客さんに合わせなくてはならない。そんな意味です。

商人はお客さんが欲しいものを見つけて持っていく。お客さんというのはマーケットの要望。僕はしきりにマーケットイン、マーケットに聞けと言っているが、それはこの時の言葉から来ている。

全部とは言いませんが、日本のメーカーの多くは技術力があっても商売にしていないところがある。考え方がプロダクトアウトなんです。自分が作ったものにお客さんは合わすべきだ、あるいは自分が作ったものを必要と思うお客さんだけが買えばいい、と。それでは長続きしないし、世界のマーケットに対応できない。

ある世界的な素材メーカーのCEOとは同年齢の友人だからよく一緒にゴルフしたり、食事したりするのですが、彼は『岡藤さん、プロダクトアウトだとどこにでも売りに行ける』と言うんです。技術力があれば勝ちだ、と。

しかし、世の中には技術革新、流行、進歩、そして消費者の嗜好の変化がある。ひとつ変わればすべてが変わってしまう。スマホがいい例です。アップルは2025年以降に発売するすべての iPhone に有機ELパネルを採用することにした。これまで日本の素材メーカーが供給してきたのは液晶パネル。有機ELでは韓国、中国の素材メーカーが先を行っているから、日本メーカーは iPhone の供給網から姿を消す。プロダクトアウトの思考を続ければこうなっても仕方がない。

だから、マーケットインでなくてはならない。つねにお客さんを見て、自分の商品を決める。どこでも売れるとはどこへ持って行っても売れなくなるリスクがあるということでしょう。

僕は繊維の営業を始めて以来、課長、部長、部門長から社長、会長になってもいまだに『商人は水』と思っている。新入社員、うちの会社を志望する学生には『商人は水』を守っていれば商社マンとして大成する、と言っています」

客から説教されたら「しめた」と思え

営業マンとして最前線に出たばかりの岡藤が当時、課長から言われた言葉がある。

「営業に出たら、しばらくは言いたいことがあっても客には言うな。不満があったらノートに書いて俺に見せてくれ」

課長が同行営業してくれたのは短期間だった。だからといって、その後ひとりでラシャ屋へ営業に行ったのではない。まだ右も左もわからない岡藤に同行してくれたのは生地エージェントの営業マン、峠一《とうげはじめ》（後に生地エージェント社長、故人）。峠は岡藤よりも3つ年上のやり手営業マンである。

岡藤は自分はまったく営業に向いていないと感じた。ふたりで営業に行くと、話をするのは峠で、岡藤はラシャ屋の社長から説教ばかりされていた。それは、彼が東大を卒業していたこともある。ラシャ屋の社長は東大卒という岡藤の学歴に対して、ひとこと言わずにはいられなかったのである。

「あんた、東大出てはるの？　それはよかったな。だが、商売と勉強は違うで」

「岡藤くん、東大を出てるかも知らんが、商売は勉強通りにはいかんわ」

峠は和気あいあいと話して契約を取る。一方、岡藤は1時間も説教される。さすがに面白くなかったが、峠は言った。

「岡藤さん、お客さんから説教されたら『しめた』と思った方がいいわ。説教しているうちに、お客さんは何か不満を言うようになる。僕らはそれを解決すればいいんや」

岡藤はそんなもんかと思った。そして、考えた。

「これはやはり、人と違うことをせなあかん。自分が峠さんのような天才的な営業マンなら苦労せんでも売っていける。せやけど、僕は天才ではない。客から説教されっぱなしや。だが、峠さんの言うことも一理ある。お客さんに無視されるよりは説教される方がいい。少なくともお客さんと話をしているわけやから。それにお客さんは僕のことが憎くて説教しているわけではない。商売を教えてやろうと思っとるから説教するんや。それなら黙って聞いていた方がいい」

人間は説教した相手が憎いわけではない。気になる存在だから言わずにはいられないのである。そして、説教を続けているうちにだんだん親しみを感じるようになる。

一方、説教された方は慣れてくる。相手の関心がどこにあるかがわかってくる。岡藤は次第に叱られること、説教されることをありがたいと思うようになっていった。

営業の人間に必要な資質は相手を説得したり、論破することではない。知識を披露することでもない。それよりも、相手に関心を持ってもらえる存在になること、説教されるようなキャラクターに自分を仕立てることだ。会長になった岡藤はこう考えている。

「稼ぐには、まずお客さんに儲けてもらうことしかない。自分が儲けるためにはパートナーであるお客さんが儲かる仕組みを考えないといけない。これは大事な点で、普通なら自分を起点にして儲けの仕組みを考えがちだが、それではうまくいかない。

商社だったら、メーカーや小売店さんの間に立って、モノや情報を仲介するから、商売を長期にわたって続けようと思ったら、お客さんが儲かる仕組みをひねり出さないといけない。最初は説教されることから始まって、商売をしてお客さんに笑顔になってもらう。そうでないと商売は長くは続けられない。

時々、若い営業社員から質問があるわけです。『どうやったら儲かるか?』と。それは僕に聞くのでなく、お客さんに聞くべき。お客さんの所へ行って話を聞いて、そこから彼らが儲かる話を創意工夫する。商売には自分の意見は差し挟まないで、お客さんがいいというものにこだわるべき。

では、お客さんが欲しいものをどうやって探せばいいのか。それは現場へ行くこと。お客さんに聞くこと。データを分析するより、ひとりでも多くのお客さんに直接、会って話を聞くことしかないいんですわ」

用事がなくてもお客さんに会いに行け

岡藤はつねに現場にいた。社内にいるのではなく、日中は取引先のラシャ屋を回り、さらに取引がないラシャ屋にも顔を出した。そして休日や、出張した先では紳士服を仕立てるデパート、テーラーへ行った。デパートへ行ったら、紳士服売り場だけでなく婦人服から雑貨、食料品までさっと見て歩いた。売り場の人に名刺を出すのではなく、一般の客として声をかけて世間話をした。

「何が売れているんですか？」と聞くわけではなかった。売れている商品は売り場を見ればわかる。彼が店員に聞いたのは売り場における「異変」だ。異変と言えば大げさかもしれないが、「何かおかしいな」「以前とは違っているな」と思ったことである。そして、それがほんのちょっとしたことであっても、気にかかったことは直接、売り場の人間に訊ねてみた。疑問が芽生えたら解決せずにはいられない。そういう性分が商人だ。

「僕は新入社員の頃からデパートによく行っていた。今でも行きます。伊藤忠が関係しているアパレルや雑貨が店を出していることもあるし、直接関係がない店であっても、流行っているところにはお客さんの意思が現れている。それに、人を訪ねる時にはいつも手土産を持っていくから、買うために食料品売り場へ行くことがある。

ある時、うちがやっているブランド、レリアンの梅田阪急にある店へ行ったら、どうも様子が違う。よく見たら店のロゴが他のデパートの店と違っていて、堅い雰囲気の書体になっていた。売り場に聞いたら、梅田阪急にはお金持ち、富裕層のお客さんが多いから、正装のようなカチッとした商品が売れる。だから店の雰囲気も堅い方がいい、看板のロゴも堅い雰囲気に変えた、と。こういうのがお客さんを見て考えた創意工夫や。この工夫で高価格帯の商品が売れるようになった。こういう細かいところまで気をつけるのが商人や。

別の例もある。下関に行った時のこと。地方に行くとデパートと言いながらも、同じ建物内に庶民的なスーパーマーケットと同居している店舗がある。半分はスーパーの売り場で残り半分が高級品も売るデパートになっている。売り場がスーパーとデパート半分ずつとはいえ、実際に見に行くと、お客さんの大半はスーパーの客や。ねぎとか三つ葉とか買い物かごに入れてデパートに来ている。

そのデパートにうちの子会社が扱っているブランドのメンズのコーナーがあった。そのコーナーでは紳士用のシャツを2万8000円で売っていた。売り場の店長と話したら、『この店、実はもうすぐ閉店します』と。じゃあ、閉店した後、君はどこの店で働くのかと聞いたら、金沢の同じような感じのデパートでやりますわ、と。

彼はこう言うんだ。

『岡藤さん、ここにある2万8000円のシャツ、まったく売れないとは言いません。でも、このシャツを買う人、この町には1人か2人といったところです。売れるのは1万円から1万5000円くらい。この価格帯の高級シャツが売れるのは東京ですよ。新宿伊勢丹や日本橋三越くらいですよ』

2万8000円の商品を置くより、もっと売れる商品を売っていたら、まだ店は続いたかもしれない。結局、現場へ行かないと、どういう人がお客さんなのかはわからないんだ。東京の本社にいてデータを見て、高級シャツが1枚か2枚売れたら、担当者はその店へ高級シャツを送る。しかし、現場の人間に聞けば、『高過ぎる。1、2枚しか売れない』とはっきり言うはず。データだけで判断してはいけない。

これはうちの子会社の間違いや。伊藤忠だって同じ間違いをやってる。だが、日本中のアパレルが同じことをやってるとも言える。

成功しているアパレルってオーナー会社が多い。オーナーは現場に行って、細かいところをよく見ているから、売れない商品を送ったりしない。伊藤忠みたいな大企業は、現場へ行かない社員がまだまだ大勢いる。データだけで商売しようとする。そこがダメなんだ」

営業は情熱ではない

岡藤に営業のコツ、セールストークを教えてくれた紳士服地のエージェント、峠一は見たところは人のいい、遊び好きのおじさんだったが、実は天才営業マンだった。

岡藤は振り返る。

「僕は営業マンとしては、最初のうち会社から評価されていなかった。それもあって生地エージェントの峠さんと一緒に客先（ラシャ屋）を回ることになった。

会社に期待されていなかったのは、受け渡しをやっていた時に、取引先の社長に早く入金してください、納期通りに商品をうちの倉庫から引き取ってくださいとそればかり言っていたから。他の営業マンから見れば面倒くさいやつだった。

僕自身も生意気だった。入社してから数年間はいつも遅刻ギリギリ。学生気分が抜けなくて、始業と同時に席に座るような毎日だった。そんな僕を叩き直してくれたのが峠さん。

峠さんはもう見ていると素晴らしいんですわ。話が面白い。商才がある。理屈で売っていたわけではない。販売現場でモノが売れるような空気を作りだす。これが天才営業の技です。

だいたい、当時の海外製の紳士服地は差別化されてないから、どこの商社から買っても一緒なんですよ。それを峠さんは生地見本を見せながらラシャ屋さんの社長を口説くわけです。それも3時間くらい話をしていって話をまとめる。このテクニックが素晴らしい。よく営業は情熱とか熱心というけれど、そうではない。営業は情熱ではない。情熱だと圧が強くなる。営業はゆったりとした空気を作って浸透していくもの。それが営業トークや。

峠さんはラシャ屋の社長がいなくてもぜんぜん焦ったりしない。買ってきたお菓子を出して、ラシャ屋のおばちゃんと食べながら、社長が帰って来るのをのんびり待つ。すると、おばちゃんは可愛がってくれて、僕らの味方になってくれる。僕は営業については峠さんの真似をしたんですよ。それで、おばちゃんたちにお菓子を買って持って行ったりしました」

峠が営業の天才だったのは、その場その場で話し方、話題、契約するタイミングを臨機応変に変えたからだ。相手を見ながら押したり引いたり、商品が売れるように空気を作っていった。彼の営業とは空気の醸成と言える。岡藤が稼げる人間になったのは営業の天才である峠に同行して会社訪問し、その現場を見て感じて、真似したからだ。

ある日、岡藤は峠と安い居酒屋へ行った。酒を飲んでふたりはお互いの目標を語り合った。

峠は言った。

「岡藤さん、僕は日本一のエージェントになるよ」

岡藤はこう答えた。

「峠さん、僕は日本一の商社マンになる」

営業はアート。科学ではない

「靴ひもを結んでごらん。できるね。じゃあ、結び方を口で説明してくれるかな」（エリヤフ・ゴールドラット　イスラエルの物理学者『ザ・ゴール』（ダイヤモンド社）の著者）

営業場面の空気の作り方は靴ひもの結び方を学ぶことと似ている。

靴ひもは誰でも結べる。しかし、「結び方を口だけで説明してくれ」と言われると、説明できる人はおそらくひとりもいない。そして、靴ひもの結び方を文章で読んでも動画で見ても、それだけでは結べるようにはならない。「結び方はこうだ」と目の前でやってもらわない限り、できるようにはならない。

営業も同じだ。相手とその場の空気によってやり方を変えなくては通用しない。「売れそうだ」とピンときたら、そこで押す。売れそうだと感じるセンサーを備えていなくてはならないし、ピンときた瞬間に攻めていく判断力もいる。営業は科学ではなくアートだ。データを積み重ねるだけではなく、感性がなくてはモノは売れない。

営業はアートだから、営業の天才を師にして、手取り足取りで学ぶしかない。感性、判断力、空気の作り方を真似る。本を読んでもセミナーに出ても意味はほとんどない。また、天才ではない上司に同行してもらうのもムダだろう。

「営業はアートだ」の元ネタは、「経営はアートだ。科学ではない」である。そう言ったのは『プロフェッショナルマネジャー』（プレジデント社）の著者で経営者のハロルド・ジェニーン。同じ意味のことを、ユニクロ創業者の柳井正も言っている（「経営と経営学は違う」）。

経営も営業も結局はセンスだ。センスを手に入れるには経験しかない。経営も営業もやってみなくては上達しない。画家が上達するのは先達の絵を模写したり、実作するからだ。何冊もの本を読んだからといってピカソのような絵を描けるわけではない。ゴルフの指導書を何十冊読んだからといってプロゴルファーになれるわけではない。上手な人の真似をする。さらに、一人前になってなおかつ、勉強を続ける。そういう人だけが上達する。

また、岡藤は「商人は商売のセンスを盗み取るべき」と言っている。

「ゴルフでも、上達しようと思えばプロの技を横で見て盗もうとする。職人だって、真髄の技はなかなか教えてもらえないから、横でじっと眺める。成功している社長の下にいる社員もまた商売のセンスを盗み取るべき。社長が人生で成功した秘訣、お客さんとの話し方、そういうところに現れたセンスを手に入れようとしないともったいない」

シャンプーを売るならまず風呂場を掃除しろ

わたしはひとりの営業の天才が「売れそうな空気を作る場面」を見たことがある。彼の営業手法は誰にでもできることだった。しかし、ライバルたちはやろうとしなかった。「人がやらないことをやる」。これもまた営業の天才だけがやっている方法だ。

20年以上も前の話になる。熱海の温泉旅館に泊まっていた。高級ではない。素泊まりで8000円くらいのビジネス旅館だ。着いたのが午後3時で、地元の有名ゲイバー(今はない)の主人の取材をするまでに時間に余裕があったから、温泉に入ることにした。「入浴は午後3時から」と風呂の入り口に書いてあり、わたしが入っていったのはその直後だ。

浴衣姿で脱衣所に入ると、ズボンのすそをまくり上げた裸足のおじさんが風呂場にいた。おじさんは10人は体を洗える洗い場の床面をブラシでこすり、お湯を流していた。さらに、椅子と洗面器を洗い、シャンプーとリンスのボトルの外側をきれいにしていた。

わたしが脱衣所にいるのに気づいたおじさんは、「もうすぐ済みますから」とこれ以上ないほどの魅力的な笑顔で言った。

浴衣姿でぼーっと見ていたら、おじさんは話し始めた。

「シャンプーとリンスの営業をしながら、全国の旅館を回っているんですわ。売れても売れなくても話が済んだら、ささっと風呂場の掃除をしてから帰ることにしているんです。ついでに風呂も入らせてもらいますけど」

そうですか、じゃ、ここのシャンプー、おじさんの会社のものなんですね、とわたしは言った。おじさんは「いやいや」と手を振った。

「売れなかったんですわ。売れたら、シャンプーの中身を交換するんです。でも、売れなかったから、ボトルの外側だけきれいにしました。中身はよそさまのものです。売れなくても掃除だけはするんです。売れなかったからとやらなかったら、次に営業に来た時も売れないでしょう。売れなくても掃除するのがコツですわ。それだけはやって帰ります」

あの時の衝撃は忘れられない。このおじさんは世界一の営業マンだと思った。

「買わない、いらない」と言われたのに、風呂を掃除して、シャンプーのボトルまで洗って帰っていく……。シャンプーとリンスでそんなに儲かるとは思えない。でも、おじさんは風呂場を掃除する。いい仕事だな、こういう仕事をして生きていきたいと思った。

一緒にひと風呂浴びて、脱衣所で座っていたら、おじさんはこう付け加えた。

「旦那さん、シャンプーなんて儲からないと思ってるでしょ。そんなことないです。こんなに儲かる商材は他にないんだから。あなた、旅館で一日に何人の客がシャンプーを使うと思いますか」

確かに、50人も泊まればシャンプーやリンスなんてすぐに消費されてしまうだろう。そうか、シャンプーは儲かるのかと気付かされた。

営業の場面の空気作りは多岐にわたる。風呂場を掃除することだって営業場面の空気作りだ。風呂場を掃除する営業マンと単にシャンプーを売りに来た営業マンのどちらから買うかと言えば、客は間違いなく掃除する方を選ぶ。

「自分だけの営業方法を持つ」。これもまた営業の上手な人がやっていることだ。天才営業マンは自分だけの営業手法を作り上げる。そして、客を買わなければ申し訳ないような気分にさせてしまう。

シャンプー販売のおじさんは天才だった。商品が売れても売れなくても、彼は動じない。目の前の仕事を完遂するだけだ。おじさんは先を見ているわけでなく、自分のペースを守ることを優先していた。おそらく、そういう仕事のやり方だとスランプには陥りにくいのではないか。

スランプの時は先を見ない

さて、伊藤忠の商売心得に戻る。

岡藤は新人時代、スランプに陥っていた時がある。受け渡しを担当して4年目の時だった。「いったい、いつまでこの状態が続くのか」と悩み、毎日がつらかった。そんな時、取引先のあるラシャ屋の番頭から「先を見たらダメや」と忠告され、それで目が覚めたという。

「取引先のラシャ屋さんに村上さんという番頭さんがおりました。本当に苦労した方でね。僕が夕方にその会社へ行ったら、『一杯、飲みに行こか』と。その会社は交際費を使うような会社じゃないんですよ。そんな予算はない。接待もしないし、商社の人間と酒を飲むこともほとんどしない。それなのに、村上さんは僕が悩んでいるのを見て、何かアドバイスしたかったんでしょう。

村上さんはまず、自分の仕事を話すわけです。

うち（ラシャ屋）には年に2回、英国製の反物が届く。春夏物と秋冬物。そうすると、社内に反物が山積みになる。それを全国のテーラー向けに1着分ずつに裁断して発送する。反物は巾150センチで長さ50メートル。1反でスーツが20着できる。それを毎日、夜中の2時までかかって裁断して、送り状、売り上げ伝票を入れて包装して、送り出す。小さな会社やから残業しても、金はもらえない。夜中に素うどんが一杯、出るだけや。とにかく毎日、面倒くさい、嫌な仕事だ。でも反物の山を見ずに、黙々と作業に打ち込んだ。10日間も経つと山のようにあった反物が、かなり小さくなっている……。

そう言いながら村上さんはため息ついて、僕に言うわけや。

『岡藤さん、色々あるけど、先を見たらあかん。今は辛いだろうけど、与えられた仕事をやっとくしかない』

僕がその時に思ったのは、悩みのある時は先を見ないこと。ただひたすらに、今、自分が向き合っている仕事をこなす。そうすれば必ず先が見える時がくる。スランプに陥った野球選手は無心に素振りをする、あるいはノックする、あるいは走る。プロゴルファーもそう。無心に何も考えずに球を打つ。

営業マンはスランプに陥ったら、とにかくお客さんのところに行け。それしかない。山を登る時も初めから頂上を見てると嫌になる。足元を見てこつこつ行く。そうして、あるところまで来たら上を見る。そういうことじゃないかな」

「少年よ大志を抱け」は余計なお世話

「悩んでいた時代、2歳年上の会社の先輩から言われたことがあった。

『岡藤、俺たち課長になんか絶対、なれへんぞ』

当時、僕らがいた課では課長の下に14~15人おったんです。課長を5年やるとすると、次に課長になるのは、その課長より5歳か6歳年下の人間です。課長になるのは数年にひとり。なれない人間の方が多い。しかも、マーケットは決まっていて、各社の利益は固定された商売ですからね。紳士服地の商売はメーカーから割り当てられたものを取引先に売るだけ。爆発的に売れるなんてことはない。ある年に売れたら、その次の年は調整して買い控えますから。毎年、売れる量は決まっている。他の商社の扱い分を奪い取るか、新しいプランを考えて扱い量を大きくするしかない。だけど、その時は新しいプランは考えついていなかったから、絶対に課長にはなれんと思った。実際は社長になったけれど、その直前まで、社長になるなんてことはまったく考えなかった。

よく新入社員で社長になりたいみたいなことを言う人がいます。僕は昔からそういう人はちょっとかなわんな、と。そんなことを言って、ほんとに社長になった人は千人にひとりいるんかな、と。クラーク博士が『少年よ大志を抱け』と言ったけれど、ちょっと違うと思う。余計なお世話や。それよりも背伸びすれば届くような目標を常にクリアしていく。

それと、準備ですよ。日頃からいろいろな準備、予習をしておけば、ふとアイデアが浮かぶことがある。また、僕は自信のないことに対してはトップを走らないと決めています。二番手、三番手で準備をしながらいろいろなことを小出しにしていく方がいい」

どん底で磨かれたレジリエンス

岡藤が生まれ育ったのは大阪市の生野区、住宅地である。

実家は自営業で、百貨店に総菜などを納入する仕事をしていた。父親は現金が入ると気が大きくなり、酒を飲んだりして使ってしまう。岡藤は「給料取りになろう」と子ども心に思った。

そして、子どもの頃からいじめっ子、特に弱い者いじめをする人間が大嫌いだった。

「いじめられてる子がいたら助けに行った。『バカなことするな』といじめっ子を殴ったこともあった」

以来、ずっと強い者、上から目線の人間には反感を抱いている。

高校時代に結核になった。勉強をしたくともできない。がりがりに痩せてガイコツみたいになった。自宅の寝床で天井を眺めながら寝ているしかなかった。しかも、父親が病死した。母親は文句も言わず、涙をこらえて、父親の代わりに働きに出た。

ふとんのなかで寝ていた岡藤は「先が見えなくて、これはもうダメか」と思うしかなかった。そんなある日、友達が一枚のメモをくれた。そこには電力の鬼と呼ばれた財界人、松永安左エ門の言葉に似た文句が書き連ねてあった。

「実業人が実業人として完成する為には、三つの段階を通らぬとダメだ。第一は長い闘病生活、第二は長い浪人生活、第三は長い投獄生活である。このうちの一つくらいは通らないと、実業人のはしくれにもならない」

自身も長く闘病している。元気にさえなればなんとかなるかもしれない。そうして、2年間の浪人生活の後、東京大学に入り、経済学部を卒業した。大学にいる間の生活費、学費はすべてアルバイトで賄った。

今、レジリエンスという言葉が通用している。自発的治癒力、要するにストレスに負けない反発力、どんな状況にあっても自分で道を切り開いていく力のことだ。岡藤が優れているのはまさしくこれだ。長い闘病と父親の死を経験しているから、災厄にあったとしても動じず、立ち向かおうとする。

強いもんとケンカせえ

前述のように、伊藤忠に入り大阪本社の繊維部門に配属され、営業に出たのは5年目だった。同期より4年も遅れた営業現場だった。

紳士服地の営業マンは輸入問屋を回ることもある。当時、大阪の船場には仲の悪い2社の輸入問屋があった。もともとは同じ会社だったが、お家騒動の時に分裂したという。

繊維部門の先輩からは「伊藤忠はこっちの輸入問屋と親しいから、もうひとつとは商売できん」と言われた。そんなもんかと思ったけれど、三井物産の担当営業マンは堂々と両方の輸入問屋と取引していた。「三井物産は両方と取引してますよ」と先輩に言ったところ、お前は何も知らんなといった顔をして、こう諭された。

「あほ、財閥系はうちとは違う。別格やから出入りは自由だ。先方の輸入問屋もそのことはようわかっとる」

岡藤は「よーし」と思った。強いもんには負けたくない。どうせ仕事をするなら、強いもんとケンカせんといかん。以後、彼のライバルは財閥系商社になった。財閥系商社の取引先にも知らぬ顔をして営業に行くようになったのである。

紳士服地の「本当のお客さん」は女性だった

稼ぐためにはいい商品、サービスを作るだけではいけない。その商品、サービスの質を判断して、購入を決めている人間は本当は誰なのかを知っておかなくてはならない。

最初は売れない営業マンだった岡藤が伝説的な存在になったのは、生地エージェントの峠に営業のコツを教わったことがきっかけだ。加えて、彼自身のアイデアで紳士服地に世界的ブランドの名前を導入したことも大きかった。

ブランド導入のきっかけとなったのが、帝国ホテルの展示会で見たあるシーンだった。

「そもそも、会社にとって本当の客は誰か。もしかすると、本当のお客さんは、目の前の相手ではない場合がある。

僕が若い頃の話です。紳士服の生地を海外から輸入する仕事をしていた時、英國屋というテーラーが東京の帝国ホテルで生地の展示会を開いたことがありました。エージェントの峠さんとふたりで見に行ったわけです。

紳士服の生地だから、会場に来るのは紳士に決まっているだろうと思っていた。ところが、現場に行くと、奥さんや娘さんが大勢いたんです。『お父さんにはこの生地がいいわね』なんてやっていた。想像とはまったく違っていた。

その時、気がついた。

『紳士服地の本当のお客さんは女性じゃないか』

それまで英国製紳士服地のブランドとはハリソンズ、フィンテックスのような堅い名前ばっかりだった。僕は紳士服の生地に『イヴ・サンローランが選んだ生地』と銘打って、女性なら誰でも知っているフランスのブランド名を入れたんですわ。

つまり、紳士服地の買う買わないを決めていたのはお父さんたちではなく、奥さん、娘さんだった。これはあの時、現場に行かなければずっとわからなかった」

紳士服地に女性向け高級ブランドのネームを入れたのは、岡藤が世界で初めてやったことだ。岡藤は本当のお客さんである女性が欲しがるブランド名にしたのである。

本当のお客さんが誰かを考えるのは大切だ。それは自分の仕事を見つめ、仕事を考え直すことにつながる。

「自分以外の誰かのために」がいちばん力が出る

岡藤は紳士服地に有名デザイナーの監修を取り付け、ブランドネームを入れるというアイデアで大きなヒットを飛ばした。イヴ・サンローランから始まり、ピエール・カルダン、エマニュエル・ウンガロと次々と契約していったのである。

当時、営業マンが紳士服地を売る場合、20反も売ればやり手と言われた。ところが、岡藤はイヴ・サンローランの服地を400反、カルダンにいたっては2000反も売り上げたのである。業界では「伊藤忠には天才がいる。岡藤は天才営業マンだ」と話題になったが、その分、嫉妬もされたし、悪口も言われた。

岡藤の新機軸は、紳士服地に女性が好きなブランドネームを入れることだけではなかった。次に考えたのは、最終的な売り先（百貨店、テーラー）を確保できる海外ブランドと契約することだった。

それまで紳士服地はプロダクトアウトの商品だった。海外メーカーが作った見本を持って生地エージェントと輸入商社（伊藤忠など）がラシャ屋に売る。ラシャ屋は百貨店、テーラーに生地を売るのだが、1反という単位ではなく、それぞれの生地についてスーツ５着分、10着分と裁断してから販売する。

岡藤は売り方をマーケットインに変えた。仕入れる前に百貨店の紳士服売り場、アパレル会社から注文を取った。そうして数をまとめてから海外メーカーに注文を出すことにした。

話を持ち込んだ海外メーカーは、エマニュエル・ウンガロだった。岡藤は言う。

「なぜエマニュエル・ウンガロのブランド使用権を取ったかといえば、もちろんマーケットインの生地を作るためと稼ぐためだ。だが、もうひとつ、『先を見るな』と忠告してくれた村上さんにお返ししたい気持ちもあった。

村上さんが番頭をやっていたラシャ屋は大手百貨店と取引がなかった。そこで、僕は髙島屋に村上さんの会社を紹介した。村上さんの会社は業界の老舗から、のれん分けで独立した会社だから、老舗が取引口座を持っていた髙島屋にはなかなか入ることができなかった。だが、髙島屋はエマニュエル・ウンガロと包括契約していたから卸売業者として村上さんの会社を入れてくれた。

僕は自分の会社だけでなく、客先にも大きくなってほしかった。それとお世話になった村上さんに恩返ししたいという気持ちが強かった。

初めて大手百貨店と取引ができるようになって、それがまた大きな注文だったから、村上さんは大感激していた。あの時の様子は忘れられない。大の大人が涙を流して、おいおい泣いていたのだから。

商売は浪花節ということ。それに加えて、商売では自分以外の誰かのために働くのがいちばん力が出る。自分のためよりも、弱い者の味方。力のなかった者のために微力を尽くすのが商人。だから、応援したわけです。財閥系の商社と違い、伊藤忠は商人や。強い者の味方ばかりしているわけにはいかない。弱い者と一緒になって強い者に向かっていく会社だ」

仕事ではイニシアチブを握る

紳士服地にブランドを持ち込んだ伊藤忠の繊維部門はその後、扱いブランドを増やしていく。

「稼ぐにはただお客さんの儲けを追求していればそれでいいわけではない。重要なのは儲けの仕組みを自分が主導できるかどうか。イニシアチブ（主導権）を握ることができるかどうか」

岡藤はこう言う。

前述のように、彼が新入社員時代、伊藤忠の繊維部門は海外から生地を輸入して稼いでいた。輸入の仲介だ。伊藤忠は海外の生地メーカーから輸入した生地を、ラシャ屋を通して百貨店、紳士服のテーラーなどに卸していたのである。だが、輸入の仲介であればどこの商社でもできる。客はどこの商社が輸入してもかまわないし、同じ生地であれば安くしてくれるところから買う。商社にとっては価格競争になってしまうから、儲けは薄くなる。

そこで岡藤が考えたのが、ブランドの導入だ。イヴ・サンローランのデザイン監修のもとに、英国やイタリアの生地メーカーに発注し、ラベルにサンローランのブランドネームを付ける。サンローラン側には売上げに応じてロイヤリティを支払う。この仕組みで伊藤忠はイニシアチブを握った。

ひとつは英国やイタリアの生地メーカーに対してのイニシアチブである。客はサンローランの監修だから生地を買う。生地メーカーはどこでもいい。伊藤忠は複数の生地メーカーに品質やデザインを競わせて、通常よりも20～30％安い値決めで発注することができた。

もうひとつのイニシアチブはオリジナルの商品ということ。サンローランが監修したオリジナル発注だから、他メーカーから同じ柄が出るとか、並行輸入品が出回るようなことはない。

生地メーカーと国内の客先の双方に対してイニシアチブを握ることができたのである。すると、シーズンごとに自動的に客先からオーダーシートが入ってくるようになった。それまでのような、生地見本を持って客先を回る営業をしなくともよくなった。さらにシーズンごとの商売の波がなくなり、営業予算が立てやすくなった。

すそ野を広げれば頂上は高くなる

スーツ生地ではイヴ・サンローランから始めてブランドの数を増やしていった。それも素早く行った。そうしないと他の商社がすぐに真似をすることはわかりきっていたからだ。ブランドの数を増やすとは、マーケットのすそ野を広げることだ。そして、すそ野を広げれば頂上は高くなる。これもまた伊藤忠の商売心得のひとつと言える。

スーツの次は紳士向けオーダーシャツ生地の権利を獲得した。これもまたイヴ・サンローランの監修にした。サンローランとライセンス契約をして、シャツ生地のメーカーに作らせたのである。これもまた次々とブランドを増やした。

サンローランに続いて、セリーヌ、レノマ、マリオ・ヴァレンティーノ、ミラ・ショーン、トラサルディ、ランバン、S.T.デュポンなどのライセンス権を取得した。

スーツ、シャツとライセンスを取得するビジネスを始めたとたん、「ひとつずつのライセンスでは効率が良くない」ことに気づく。岡藤は、ライセンス権を獲得する交渉をするならば靴やカバン、眼鏡なども含めたすべてのアイテムを含んだ包括契約にした方がいいと悟った。こうして伊藤忠は、これらブランドの日本における独占製造販売権を獲得していく。総合的なライセンスビジネスだ。

仕事をしているうちに学習し、ひとつのやり方で成功したからといってそのやり方に固執しない。融通無碍と臨機応変が伊藤忠の商売心得である。

ブランドビジネスに新機軸を打ち出していった伊藤忠は業界で存在感を高めていった。従来、ジョルジオ・アルマーニ、アルフレッド・ダンヒル、ブルガリといったビッグブランドの独占輸入販売権は、百貨店もしくは老舗小売り店が持っていた。それを伊藤忠が手中にすることができたのである。なかでもジョルジオ・アルマーニの独占輸入販売権は財閥系商社、百貨店が入り乱れて権利を取得するために争った。その交渉の担当者が岡藤だった。

アルマーニの独占販売権を取った時、岡藤自身はそのブランドを愛用していたわけでもなく、特段の思い入れもなかった。だが、「これはお客さんが欲しがっているブランドだ」と確信できたから契約交渉に手をあげたのである。

「繊維部門にいた時、若い社員から提案があった。『岡藤さん、これ、海外で流行っているから日本でも売れますよ。私自身、大好きで毎日のように着ています。うちの会社で権利を取りませんか』と。

そういう時、僕は『君が好きな商品は自分で買いなさい。会社が権利を取ろうと思うのは、お客さんが欲しいと言ったもの』と答えてきた。自分が好きだからこれは売れると思って、独占販売権を取ってきても買うお客さんがいなかったら困るで。お客さんが欲しいものをやる。それが原則。

僕はアルマーニをやった時、それがどういうもので、どれくらいの価値があるのかよくわからなかった。周囲に聞いて、現地に行って、しかもお客さんたちに訊ねてみて、これなら間違いないと思ったからお客さんのために取ってきた」

では、独占販売権を取るためにどうやってアルマーニに接触したのか。当時、アルマーニの日本における独占販売権は他社（百貨店）が持っていた。伊藤忠としては独自のルートで接触し、提案に持ち込まなければならない。また、提案書を書く前、彼はどこにポイントを置いたのだろうか。

相手の言わない本音も汲み取る

アルマーニとの契約（1987年）の時、岡藤は課長にもなっていなかった。それでも彼がリーダーとして契約に臨んだのである。

「どういうふうにしてアルマーニを取ろうかと考えて、調べてみたら八木通商という会社があった。ブランドビジネスのさきがけの会社で、今ではダウンのモンクレールと契約して輸入している。その他にもいくつものブランドを昔からずっと育てていた。八木通商は在仏の日本人でフランスの社交界に入り込んでいる人間とコンサルタント契約していた。八木通商は彼にオーナーとのアポイントを取ってもらって、そうして契約していたんです。それなら同じようにアルマーニに人脈のある人を探せばいい。僕らも人脈のある人物を見つけて、その人からアルマーニの一族を紹介してもらった。

それからは商社の仕事です。交渉する前にいろいろ考えました。ブランドが日本でビジネスをしたいのならば何が目的なのか。大きな商売をしたいのか、あるいはブランドイメージをさらによくしたいのか。もちろん、商売を大きくしたいのでしょう。でも、たとえば大きくしたいけれども、イメージを壊したくはない、など、細かいところまでヒアリングして、相手が何をいちばん重要視しているかを聞き出すのが先決です。ここをおろそかにしているのが多いんだ。相手が言ったことをただ、ハイハイと聞くんじゃなしに、細かいところまで聞く。そして、それに合った提案をする。

アルマーニの場合、彼らは商品が絶対に売れるという自信を持っていた。気にしていたのは税金です。イタリアの税金が高いから、いかにして合法的に節税するかに関心があった。ただ、それを我々には明かさなかった。彼らにとっては言いにくいことだったのかもしれません。節税についてのことを聞き出してくれたのが、一緒に組んでいたイタリア人のコンサルタントだった。彼が聞き出してくれた。そうして節税ポイントについての提案もまとめたから契約できた。

いいプランとは相手が望むものです。相手が何を欲しいのかがわかってないとダメだし、また、他と同じような視点で提案書を作ってもダメだ。他が目をつけていないところまで調べ上げなくては準備とは言えない」

結果として伊藤忠はアルマーニとの契約以降、欧米の有名なブランドとの契約をいくつも獲得した。「ブランドの伊藤忠」の第一歩となったのがジョルジオ・アルマーニとの契約だった。

契約は99パーセント決まってからが勝負

岡藤はアルマーニとの契約を通して、商売心得を学んだ。それは「海外の商人との契約は99パーセント合意してからが勝負だ」ということ。

岡藤たち伊藤忠の繊維部隊がアルマーニとの契約を争ったライバルがA百貨店だった。A百貨店はカリスマ流通王が率いる企業グループで、長い間アルマーニと独占契約をしていた。

ただし、時間をさかのぼるとA百貨店が独占契約をする前、日本におけるアルマーニの販売を担当する予定だったのは老舗のB百貨店だった。しかし、新興のA百貨店が、老舗百貨店が獲得するはずの契約を直前でひっくり返してしまったのだった。

そのA百貨店もまた伊藤忠に負けた。それは伊藤忠が周到な準備を整えてから契約交渉に入ったからだ。岡藤は「契約交渉はサインするまで何があるか本当にわからない」

とつくづく感じたという。

「伊藤忠が契約交渉に参入を決める以前、A百貨店はアルマーニと契約していた。ただ、A百貨店が契約した時、アルマーニはすでに他の老舗百貨店と契約交渉を進めていて、サイン寸前までいっていた。一説によれば、老舗百貨店はシャンパンを開けて乾杯しようとしていたらしい。ところが、A百貨店の担当が飛び込みでアルマーニの本社へ行って受付の前で出会った女性と話をしているうちに意気投合。その女性はあなたと商売したいから一度、社長と会ってくれ、と。そうして、A百貨店はアルマーニと契約ができた。9割、決まっていた話を蹴飛ばして、A百貨店を契約相手にしたのは受付で話した女性で、その人がキーパーソンだった。

そういうことは実際、よくあるんです。日本人は9割がた決まったら、そこで成約した、万歳だとなりがち。ところが、海外のしたたかなビジネスパーソンは『総論ではお前たちと仕事をする。だが、最後までひとつひとつ詰めていきたい』と言ってくる。99パーセントまで契約が進んでも、交渉して勝負する。

99パーセントまで行ってから、もう一度、褌を締め直して交渉するのが契約や。その後、ブランドとの契約をいくつもやったけれど、僕が厳しく言うのは『サインするまで油断したらあかんぞ』。何が起こるかわからへん」

日本にも海外の商人と同じようなシビアな交渉をする人間はいる。

「日本でも厳しい経営者、したたかな経営者がいる。そういう人たちと交渉する時は絶対、安心してはいかん。あるオーナー企業の社長と会食して、席上で、『岡藤さん、この条件で行きましょう』と握手して別れた。それなのに、翌日になったら電話がかかってきて、『岡藤さん、昨日の夜の話、よく考えてみたら、やっぱりやめとこう』と。考え直してくださいと言っても相手はオーナーやから、もうひっくり返らない。だから、サインするまでは安心するな、が大原則」

提携から買収へ

伊藤忠のブランドビジネスは伸びていった。次に繊維部隊が目を付けたのは百貨店ではなくチェーンストア（GMS）だ。日本のチェーンストアも以前から欧米のブランド品を扱ってはいた。ただし、大半は総代理店から仕入れたものではなく並行輸入品だった。だから、欧米ブランドがチェーンストアに自ブランドの店舗を出店することもなかった。それはこんな理屈からだ。欧米ブランドにとってチェーンストアは百貨店よりも格下だから、そういったところに店舗を出すことはブランド価値を毀損する、と。

しかし、伊藤忠の繊維部隊はチェーンストアに来る客のブランド品に対する購買意欲は高いと考えた。そこで、チェーンストアに対しては超一流のブランドではなく、有名ブランドのセカンドライン、スポーツ系ブランド、キャラクターブランドを持っていったのである。こうして、またブランドのマーケットは広がっていった。

その次の展開はブランドの商標権を買収することだった。背景には、それまでのライセンスビジネスの行き詰まりがあった。たとえば、自動車の販売代理店、ヤナセはかつてメルセデス・ベンツの総代理店だった。ところがベンツの売れ行きが伸びてくるとドイツの本社は日本に現地法人を設立する。現地法人がドイツ本国から輸入して販売した方がマーケットをコントロールできるし、総代理店にまかせるよりも利益が増えるからだ。

同じように、日本に現地法人を設立する服飾雑貨のブランドが出てきた。さらには、巨大なコングロマリットが数々のブランドを買収するようになっていった。そうすると、巨大コングロマリットはそれまで日本で許可していたライセンスビジネスを打ち切ってしまう。商社、ディストリビューター、アパレルメーカーは欧米ブランドの本社に振り回されるようになったのである。

岡藤は考えた。

「提携より買収だ。ブランドの商標権を買えばいい。もっと言えば会社そのものを買えばいい」

まずはブランドホルダーとのライセンス提携ではなく、日本における商標権を買収する。ハイリスクだがハイリターンだ。そうして1999年からの数年間で伊藤忠は数百億円を出して十数件のブランド商標権を買収した。ランバン、ハンティングワールド、コンバース、ミラ・ショーン、カステルバジャック、キャサリンハムネットなどだ。こうして、商権を長期に安定化することができた。

ブランドはファッションだけにあらず

伊藤忠がブランドビジネスで行った大きな変革は、ファッション以外の分野でもブランドをライセンス化したことだろう。従来の衣料品、バッグ、靴などの雑貨、宝飾品だけでなく、ニューヨークのジャズレストラン、ブルーノート、グルメストアのディーン アンドデルーカ、ベルギー発祥のベーカリーレストラン、ル・パン・コティディアンといった飲食店を日本に持ってきて、ライセンス商品を作って販売した。加えて食器やインテリアの分野では、イタリアのリチャード・ジノリ（現ジノリ1735）のビジネスを手がけた。

伊藤忠は、「すそ野を広げれば頂上は高くなる」との商売心得通りに、ビジネス領域を拡大した。ただ、当初は苦労した。繊維部門が食品ブランドをコントロールすることに対して、食料部門から異論が出たのだった。ディーンアンドデルーカを日本で出店させる場合、通常であれば食料部門が担当する。ただ、食料部門はブランドビジネスに精通しているわけではないから、店を出すことはできても、ショッピングバッグのようなライセンス商品を作って売り出そうとはしない。伊藤忠の繊維部門は店舗の出店に止まらず、ブランドにして商品のすそ野を広げたいと考えた。だからこそ、ディーンアンドデルーカを日本に持ってきたのである。

これが商人の考え方だ。伊藤忠は、衣食住のいずれの分野でもブランドビジネスが成り立つことを証明したのである。その後も同社のブランドビジネスは拡大深化を続けている。日本で成功したビジネスノウハウをアジアから全世界に広げている。

商標権の買収に止まらず、ブランドを所有する会社そのものも買収した。ひとつの例がアメリカのブランド企業、レスポートサックだ。レスポートサックを買ったことで、生産から販売までのグローバルネットワークを手に入れた。

国内ではデサントを買収することにした。2024年、完全子会社化することを発表し、デサントのウエアやグッズを日本のマーケットだけでなく、アジアを始めとする海外でも売っている。

ブランドビジネスは岡藤が例に出す「イニシアチブを握るビジネス」だ。

「こうしたイニシアチブを握る流れは繊維カンパニーの時代に僕が体験したものでした。だが、社長になってからまた気づいたことがある。それは資源、自動車ビジネスでも似たような流れなんです。石油のような資源でも最初は輸入、仲介だけだった。だが、かなり前から自分たちで投資して油田開発しなければ石油を調達できない時代になった。自動車だって同じ。完成車の輸出を仲介するだけでなく、自動車会社に出資していなくては扱えなくなった。

伊藤忠がイニシアチブを握らなくてはならないのは、仲介から投資へという時代の流れがあるからです。時代の流れに乗って、自分たちの立場を変えていかなくてはならない。それが商人のやることです」

常に「原則」に立ち返れ

伊藤忠がめざす商人道を表す独特の標語が、この章の冒頭で紹介した「か・け・ふ」。岡藤が社長に就任した時に考えた言葉だ。

「稼ぐことについては伊藤忠の社員はよくわかっている。稼いでこいと言われたら、客先を開発して営業してくるのがうちの社員たちです。僕は『細かいところに目を向けろ』とも言っている。たとえば繊維ビジネスの在庫管理では販売する布の長さを1センチ単位で計る。数円単位でコストを計算し、10円や100円単位でお客さまと丁々発止の交渉を繰り返す。地道な商いを積み重ねることが『稼ぐ』。総合商社というと一見、派手に見えます。ですが、当社の社員は常に頭を下げながら、日々お客さま目線で工夫、研究を繰り返す。それが商人の稼ぎ方です。大上段に構えていては商売などできません」

伊藤忠の商いの三原則「か・け・ふ」は、傘下の事業会社にも浸透している。岡藤は「三原則があるから考えてから相談に来るようになる」と言う。

「誰でも社長になったら孤独で、不安になる。特に最初はどうしたらいいのかわからん。業績を上げるには何をすればいいか。その時に『か・け・ふ』や、と。まずは稼ぐことを考える。次に削ることを考える。それから防ぐ。

事業会社は、三原則を自分なりに考えて、結論を持って僕のところに相談に来る。ただ、『どうすればいいんですか』と聞きに来るのではなく、自分なりの結論を持ってくるための道具が『か・け・ふ』や。

ある幹部の話やけど、客先と揉めて出入り禁止になった。『どうすればいいか。行かない方がいいのではないかと思います』と言ったから、『いや、出入り禁止になっても行け』とアドバイスした。行かなかったらいつまで経っても状況は変わらん。いいと言われるまで何回も何回も行くんだ。理論でもなんでもないけれども、僕の実際の経験から答えた。彼が『か・け・ふ』の原則を考えたうえで、自分なりの答えを持ってきたから、僕もアドバイスができた。

もうひとつある。僕が社長になった時、ある幹部が契約の話でブラジルまで行く、と。僕は言ったんや。ブラジルまでわざわざ行かんと、途中のニューヨークとかハワイで話をすることを原則にしたらどうか、と。ところが、本人はブラジル人の社長に遠慮しとるわけだ。客先でもあるからね。だが、ブラジルまで毎回行くと飛行機代もかかる。3日間も使う。どれだけしんどいか。

それで、僕は『今回は仕方ない。だが、次からは必ずニューヨークにすると決めてこい。そして、覚悟しとけよ。交渉をニューヨークにしたら、相手は必ず遅れてくる。相手はニューヨークまできてやったと主張したいから、絶対に遅刻してくるぞ。ブラジル人だけれど、宮本武蔵みたいなことをやるはずだ』と」

案の定、次の交渉の時、ブラジル人社長は遅れてきて、しかも伊藤忠側の幹部をじらすためにマンハッタンのフィフス・アベニューを自分の娘と一緒に散歩していた。

岡藤に相談しに来た幹部は、読みの深さ、鋭さに感謝した。

「ありがとうございます。岡藤さんのアドバイスを聞いていたから焦らず、待つことができました。佐々木小次郎にならずに済みました」

岡藤は「これが商人に必要な考え方だ」と思っている。

「商売の交渉現場では、わざと遅れてくる相手がいる。相手にとってはそれが作戦や。こちらは相手が遅れてくるとわかっていればそれでいい。焦ることがなくなる。だが、知らなかったら焦るに決まっている。『場所を中間地点にしたから怒っているんじゃないだろうか』と。

そんなことはない。相手は与えられた状況で自分が有利になるように考えるもの。だから、こちらは相手の出方を予測しておく。焦らずに待てばいいし、あるいは逆に遅れていく手もある。僕はそういうことを営業の天才の峠さんから教わった。

商人として、我々は売る立場が多い。最初から、こちらの方が弱い立場ではある。だが、そこからが駆け引きだ。相手だって、欲しいから買うわけだ。先を読んで動くのが商人。稼ぐためには心理戦にも勝たないといけない」

ブランドマーケティングで垣根を取っ払う

グルメストアのディーンアンドデルーカをブランド化した時、当初、社内から異論が出たという経緯は前述した。それを岡藤はどうやって交渉したのか。これもまた先を読んだ心理戦だった。

岡藤はディーンアンドデルーカを食品の店に止めず、ショッピングバッグを始めとする雑貨などの商品展開をするべきと考え、商標権を獲得することにした。食品とファッションの融合には、ある先例があったのである。

フランスのファッションブランド、アニエスベーを日本で展開した時、運営元のサザビー（現サザビーリーグ）はブランド衣服売り場の横にカフェを作った。カフェはアフタヌーンティーというブランドにして、ショッピングバッグなどの雑貨を作って販売したのである。どちらも大ヒットした。岡藤の頭にはアニエスベーとアフタヌーンティーの成功があった。

だが、計画は当初、支持されなかった。岡藤が統括していた繊維部門はもちろん計画に賛成だ。重厚長大のビジネスをする部門はブランドとは関係がないからイエスでもノーでもない。問題は食料部門だった。ディーンアンドデルーカは飲食領域の企業だから、相対する部門は従来であれば食料部門となる。ところが、発案は繊維部門だし、ブランドにするノウハウを持っているのも繊維部門だ。また、ファッションアイテム、雑貨を作るのも繊維の人間にしかできない。食料部門としては、理屈はわかっても釈然としないのである。

そこで、岡藤は直接、食料部門を始めとする賛成はしていない部門のトップたちを説得して歩くことにした。

「あの当時、社内には反発があったから、僕が直接、行かなくてはいけなかった。社内の根回しには説得、浪花節、手土産の3点セットが必要。

僕は、商社は垣根を取り払わないとお客さんに支持されない、そして時代に取り残されますと説得しました。アニエスベーを例に挙げて、衣食住にはもはや垣根はいらないんです、と。衣食住の商品を取り扱うブランドマーケィングが重要で、本来はそういった領域を横断して企画を考えるセクションが必要だ、と。結局、社長になった後、領域横断のセクションを作りました。

そういえば、繊維部門のなかに『ブランドマーケティング部』を作ったのだけれど、その時も他のセクションから反対されて、『岡藤、繊維ブランドマーケティングにしておけ』と言われたこともあった。まあ、僕の人生は反対する人たちに頭を下げて、駆けずり回って、説得と浪花節で話をつけることばかり。そんな人生ですわ。

それでディーンアンドデルーカの時は強硬に反対していた人のところへ話をしに行ったた。電話やメールじゃダメ。直接、時間をもらって話をしに行く。会って話をすると、たいていは『わかった。思いっきりやれ』とか『わかった。岡藤、お前にひとつ貸しだ』と言われて終わるんですが、ある人だけ強硬に反対していたから、こっちも作戦を考えた。その人が頭の上がらない先輩を探して、まず一本、電話をかけてもらった。

それから会いに行ったわけです。いくら反対していても、しょせん同じ社内の人間ですからケンカになることはない。それでも相手は基本的にはノーだから、話をしに行くことが重要。相手としては基本的にノーだけれど、『お前がやる分には文句は言わん』となればそれでいいわけです。別に親友になるために行くわけじゃない。

そんな時、丁寧に話して説得することと、手土産は重要。手ぶらで行ってはいけないし、かといって高価な品物を持って行くことはない。部のみんなで分けられるくらいのお菓子で、せいぜい20個といったところでしょう」

社外の人に会うのに手土産を持って行くのは常識の範囲だ。だが、社内の人間にもちょっとした手土産を持って行くだけで関係は変わる。商人ならではの人間観察能力である。

手土産に無関心なやつは仕事ができない

話は少し変わるが、岡藤は手土産を非常にうまく使う。トップ営業のシーンでも、社交でも、お礼を贈る場合でも、贈り物を秘書まかせにはしない。細心の注意で選んでいる。社内の根回しだけでなく、伊藤忠のイメージアップのために手土産を使っている。

まず「何を差しあげるか」は秘書が基本的なプランを作る。岡藤はそれをチェックして、ひとりひとりの顔を思い浮かべながら品物を決める。金額も物品の内容も細かく指定する。

これはわたしが実際の場面を見聞した例だ。彼はある人物と面談し、その人が岡藤のベルトを褒めた。

「いいベルトですね。お似合いです」

次にその人と会った時、岡藤は「これ」とさりげなく箱を渡した。開けると、なんとその人が褒めたベルトと同じものが入っていたのである。

商人が贈るプレゼントとはこういうものだ。相手の好みを知っておいて、そのうえでサプライズを演出する。もらった人は確実に岡藤のファンになる。

もうひとつある。2024年の8月、店頭から米が消えたことがあった。すると、岡藤はそれまで決めていた贈り物プランを改定して、出会った人物には子会社の伊藤忠食糧が扱っている米を贈ることにした。米がなかった時期だけに、もらった人たちはみんな感謝した。「普通は贈り物や手土産に米を渡すことはない」と本人は言う。それはそうだろう。だが、当時は「令和の米騒動」とされた時期で、スーパーの店頭から米が消えていた。米をくれる人はありがたかったのである。

贈り物や手土産を渡すことを軽く考えてはいけない。自らの情報収集能力やセンスが試される。岡藤だけでなく、地位や肩書がある人間ほど、手土産、プレゼントを真剣に検討しているのである。

逆にお礼状、プレゼント、手土産に無関心な営業マンは損をしている。手土産ひとつでシーンを変えることができるとわかっているのが本当の商人だ。

説得と浪花節とちょっとした手土産

岡藤は社内への説得であっても、手土産は効果があると言う。

「みんな人間だ。モノをもらえば嬉しい。僕が人に贈り物をするのはモノで釣って人の心を左右しようといった卑しい心根からではない。浪花節的な挨拶です。社内の人間でプランに反対する人を説得する場合、論戦を挑んでも仕方ない。また、反対する人は立場があって反対している。ノーがイエスになることはない。だが、黙っていてくれることはある。そういう風にしてもらうには説得だけでは相手は変わらない。説得と浪花節とちょっとした手土産。簡単なお菓子でいい。手ぶらで行くのと、お菓子を持って行くのではぜんぜん違うよ」

岡藤は社外、社内を問わず、交渉ごとに通じてきた。反対している人の元へは自ら足を運び、話をし、頭を下げ、丁寧に説明した。そうすれば反対していた人は岡藤の立場に同情して計画を支持するか、あるいは採決に加わらないような態度を取ってくれる。

「ちょっとした手土産はアイスブレーカーでもある。お菓子でいいけれど、あるとき僕は先輩のおじさんに伊藤忠で扱っているハンドクリームをきれいに包んで持って行ったら、その人、なぜか態度がコロッと変わった。おじさんにハンドクリームを上げると喜ぶんだなとわかった」

　商人が持って行く手土産はビジネスマナーだ。「プレゼントしますから代わりに仕事をください。私の意見を支持してください」といった目的の行為ではない。常識外れの品物、高額過ぎる品物は禁物だ。自らを卑しめる行為だし、そもそも礼儀を知らない人物と思われるだけ。センスのある手土産をさりげなく渡すことができるようになったら、商人として第一級の人物と言える。

　同じ社内とはいえ、おじさんに男性用ハンドクリームを渡すことができるのはコミュニケーションの取り方が上手だからだ。そこにはたくまざるユーモアがある。もらったおじさんはハンドクリームが欲しかったというより、岡藤が手土産を渡した時の空気が心地よかったから、岡藤の意見を了としたように思える。

胡蝶蘭と祝電は悪手

手土産についての話の続きである。

「僕は毎月、秘書から『来月、会う予定のお客さまはこれこれこういう方たちです』とリストをもらう。そのリストにはたいてい、果物とかお土産の品物の候補が書いてある。それをひとつひとつ眺めて、お客さんの顔を思い浮かべながら、考えて品物を決める。決める前に、会ったことのある人、お土産を渡したことのある人なら過去のデータも見ます。全部、調べてある。同じ品物を上げたら申し訳ないから、違うものにする。

何を贈るかですが、僕はまず相手に喜ばれるもの、そして、旬のもの、値段もほどほどのものを選びます。なるべく贈らないようにしているのが胡蝶蘭とかよく贈り物としてもらうお菓子の類。胡蝶蘭は昇進祝いでもらったことがあるけれど、枯れていく花をひとつひとつ取り除いたり、秘書の手間が大変だ。それに大勢から胡蝶蘭をもらったら、置く場所に困るでしょう。

祝電もなるべくやりません。かつて、社内の結婚式に出た時、部門長、部長、課長、主任、同僚とみんなが3000円くらいもする立派な祝電を送っているのを見て、ええ加減にせいと思ったことがある。みんなで相談してお金を取りまとめてワインの1本でも贈った方が新郎新婦はよほど嬉しいのと違うかな。

贈り物は贈った人のセンスが出ます。商人やったらちゃんと考えてから人に贈ること。それでも、僕は直前でも手土産を変えたりすることがあるんです。海外の人が来るパーティで、『和菓子、シャインマスカットは他の人も持っていく品物だ』と思ったら、直前に変えたりします」

会社に届いたものを自宅に持って帰る人間は出世しない

品物を贈る場合のポリシーは岡藤が説明した通りだが、ではもらう立場になったら考えておくべきことは何だろうか。社会人になったら、平社員でも取引先から手土産や贈り物をもらう。地位が上へ行けば行くほど品物をもらう機会は増える。しかも高額なそれになる。だが、果たして会社に来た贈り物すべてを自宅に持ち帰って構わないのだろうか。

岡藤は管理職になった時から、もらったものはすべて自分のセクションの人間で分けていた。そして、トップになってからは「秘書だけで分けるのも不公平なので、ある方式を考えついた」。それは次のようなものだ。

「もらったものを秘書室のなかだけで配るのはよくないと思った。1年間、考えた末に、2年目からはもらったものを溜めておいて、年末にくじ引きで当たった人に持って帰ってもらうことにした。ただ、食べ物はその日のうちに秘書室や総務、健康管理室などで分けることにした。

くじ引きもいい加減にやるのではなく、たとえばビールを2ダースとかすべてを、写真に撮って社内ネットで流して、全社員に好きなものを選んでもらう。それから抽選だ。抽選には監査役が立ち会って不正が起こらないようにしている。僕がもらったものだけではなく、幹部役員に来たものも出してもらう。そうすれば数も増える。

手土産、贈り物を考えるのは仕事にも通じる。相手のため、お客さんのために心を込めることですから。商人としてはいちばんのレッスンになるんじゃないかと思います。いつもと同じものを事務的に贈っても相手を喜ばせることはできません。印象に残るものを贈ること。

お返しの手紙でも立派なのを自筆で書いてきてくださる方もおれば、秘書にメール打たせておしまいという人もいる。僕はあまり丁寧でなくてもいいと思ってるから、秘書が書いた手紙に自署してそれを出します。丁寧に自筆で書くと、どうしても時間がかかってしまうでしょう。お礼状はもらったらすぐに出した方がいいんじゃないかな。メールでもいいと思うくらい。そして祝電の場合、お礼状はいりません。祝電に対してメールや手紙を書いて送るのは過剰な対応でしょう。

こういうビジネスマナーみたいなものは昔は先輩が教えてくれた。だが、今はそういう先輩がいない。プライベートなことを教えようとするとパワハラだと言われかねないし。今は管理職でも手土産には何がいいかなんて考えていない人間が大半ですわ。ところがこれがほんとに重要なんだ。海外の人間と仕事する時は日本人相手よりもよほど気を遣う。中国人もアメリカ人も肩書が上に行けば行くほど、贈り物やお礼状には気を遣っている。こちらがちゃんとした応援をして、きちんとしたお礼状を出すと、信頼してくれる。

手土産、お礼状といったビジネスマナーは商人としての心がけ。手紙ひとつで関係がガラッと変わることもあるから、きちんとやっておくに越したことはない」

商売の運は腰の低い人にやってくる

岡藤のことを尊敬する経営者は少なくない。そのなかのひとりが藤尾政弘だ。

「まいどおおきに食堂」などの飲食ブランドを展開している外食企業、フジオフードシステムの創業社長である。

岡藤は「藤尾さんは浪花節の人。商売の運を持っている人」と言っている。

「藤尾さんの実家は大阪の天神橋筋商店街で食堂をやっていた。町の大衆食堂で、うどん、玉子焼きから、魚の焼いたのまでなんでも売ってたわけや。藤尾さんも大学を出てから外食の仕事を始めた。自分でもバーや食堂を始めたわけや。食堂では出すものもお父さんと同じように、うどん、魚、肉となんでもやっていた。

昔のことやな。ある日、ひとりの紳士がやってきて、食事して、ご主人にご挨拶したい、と。それで藤尾さんが出ていったら、その人、サッポロビールの社長やった。藤尾さんはまだ若くて、成功もしていない。一軒か二軒の食堂をふーふー言いながらやっていた頃や。サッポロビールの社長が頭を下げて『ごちそうさま。おいしかったです』と言ったものやから、藤尾さんも頭を下げた。そして、先に頭を上げたら、サッポロビールの社長はまだ頭を下げとったというんや。もう、藤尾さんは大感激してね。

『オレみたいな食堂のおやじにサッポロビールの社長が頭を深々と下げてくれた』

その時、決めたという。

『よし、これからは何があってもビールはサッポロや。店を大きくして数を増やして、どこの店でもサッポロにする』

今、藤尾さんのやってる店は全国に700店以上もある。どこでも基本はサッポロビール。だいたいビールというのは関西はアサヒ、もしくはサントリーでしょ。北海道はサッポロだし、キリンは全国で売っている。関西に本社がある外食企業でビールがサッポロだけというのは珍しい。

僕はサッポロの社長は偉いと思う。たまたま出かけた小さな食堂へ行っても、わざわざ挨拶するんだから。サッポロの社長はどこへ行っても腰を低くして挨拶していたんでしょう。藤尾さんも偉い。若い頃に決めたことを大きな会社になってからもずっと守ってる。やっぱり礼を尽くすってことです。商売の運とは藤尾さんのような人のところに下りてくる」

ベートーヴェンをぶっ飛ばせ

2021年から伊藤忠の社長COOを務めているのが石井敬太。石井もまた商人としての稼ぐ言葉を持っている。

石井は同社に入ってから主に化学品を担当し、インドシナ支配人兼伊藤忠タイ会社社長、専務執行役員エネルギー・化学品カンパニープレジデントなどを務めて社長になった。彼は早稲田大学高等学院に在学していた時、ラグビー部に所属していた。同時期、早大学院ラグビー部は強豪校の國學院久我山を破り、「花園」の愛称で知られる全国高等学校ラグビーフットボール大会に出場した。

運動部出身だが、趣味は音楽。もっとも敬愛しているのはジャズのマイルス・デイビスだ。そんな彼が「商人の言葉」として大切にしているフレーズが「ベートーヴェンをぶっ飛ばせ（ロール・オーバー・ベートーヴェン）」だ。チャック・ベリーの曲のタイトルで、発売は１９５６年。しかし、石井が愛しているのはビートルズがカバーしたバージョンだ。

石井は音楽の話となると止まらない。

「社長室にレコードのカバーを飾っているんです。『ザ・ビートルズ・セカンド・アルバム』のキャピトル・レコード版。僕が小学生の頃、親父がアメリカ出張で買ってきてくれたものです。

1曲目が『ベートーヴェンをぶっ飛ばせ』。ボーカルはジョージ・ハリソン。A面のオープニングトラックだからこの曲のイントロが始まると、それだけでやる気が出てくる。よし、稼いでやろうという気にさせてくれます。

商人は自分が好きなテーマソングを持っていた方がいいですよ。この曲なんですが、ビートルズの曲と言えばボーカルはジョン・レノンかポール・マッカートニーでしょう。でも、これはジョージ・ハリソン。ヘタウマなギターソロもジョージ。ノリがいい曲だから、これを聞くと本能的にスイッチが入る。始まった！　という感じがする」

財閥系と勝負できるのは商人魂があるから

「若い頃、化学品の営業マンをやっていたのですが、三菱、三井といった財閥系のメーカーに飛び込み営業をしました。その時、頭のなかで『ベートーヴェンをぶっ飛ばせ』が鳴っていた。財閥系企業へ営業しても普通はなかなか買ってくれません。しかし、たまには条件次第で買ってくれることもある。財閥系商社よりもいい条件を出したら、先方もわかってくれるから。ただ、同じ条件だったら、ひっくり返されることがたびたびでした。決まった話であっても、先方の担当から電話がかかってくる。

『石井さん、ごめん。上司が同じ系列から買えと言うから』

でもひっくり返されたとしても、挫折でも何でもない。かえって、『絶対に負けないぞ』と商人魂が出てくる。財閥系企業の部長にアポイントを取って会いに行ったり、幹部がよく行くという銀座の高級クラブに行ったり……。

クラブで『すみません、初めてご挨拶させていただきます、伊藤忠の石井です』と言ったら、財閥系の幹部に『お前は若いのにこんなところに来てるのか』って言われて。もちろん自腹です。そこまでやっても、財閥グループの仕事を取るのは簡単じゃない。ひっくり返されても、キャンセルになっても、飛び込んでいく。効率を考えたらよくないですよ。でも、そうやってあがきながら商人魂を育てていった。

岡藤さんが率いていた繊維部門なんかもっとすごい。ド商人ですよ。繊維の営業って商売に対して熱心で、かつ、抜け目がない。私がタイで現地法人の社長をやっていた時、洪水（2011年）がありました。繊維のメンバーは洪水になったとたんに、どこから探してきたのか、海のようになった町を移動する為のゴムボートや下半身まで覆う胴付きの長靴を売り歩いてました。商魂たくましいとはこの事で、そういう人間は、どこかの国にポンと放り出されても、何か商売して帰ってきます。

うちは財閥系よりも人は少ない。それでも彼らに伍してやっているのは商人魂があるからです」

現場にぶち込めば商人として磨かれる

総合商社の人間は海外支店へ行くと40代でトップを務める。現地で働く日本人会の会長をやったり、日本大使、公使と一緒にパーティに出席する機会がある。そんな時、財閥系商社であれば駐在の歴史が長いから現地に豪壮な屋敷を持っていたりする。一軒家で使用人もいるから、パーティを開く時も都合がいい。ところが伊藤忠の場合はそうはいかなかった。広めの賃貸マンションが現地社長の住まいとなる。大勢の人を集めてのパーティはできない。しかし、少人数を招いての食事会ならばやることができる。石井はそうした不利な条件であっても、「ロール・オーバー・ベートーヴェン」を頭のなかで鳴らし、あるいはレコードをかけて、接客した。

彼は言う。

「伊藤忠はこのところずっと大学生の就職人気ナンバーワンです。一流大学の優等生が増えました。だから、ハングリー精神はあまりないのかなとも思っていたんです。ですが、まったく違いました。

アメリカに出張した時のことですが、伊藤忠が出資している事業会社に出向している若手社員が泣いたり笑ったりして頑張っていました。優等生だし、最近の世代は冷めてると言われてますけど、ぜんぜんそんなことなかった。うちの若い社員が現地の社員とじゃれ合っていて、その姿は僕らが若い頃と一緒でした。

現場を見ればわかりますよ。彼らは海外で外国人と押したり引いたりしながら入り乱れて仕事をしたいんだな、と。商社に入ってくる人間って、困ってる人を助けたいとか、この人たちと笑顔になりたいとか、成功体験を味わいたいとか、感動の現場にいたい人間です。それが伊藤忠らしさでもある。仕事から得られる感動って現場に行ってこそのもの。現場にぶち込めば商人として磨かれる」

化学品の「受け渡し」は綱渡り

石井もまた岡藤と同じように入社から5年間は「受け渡し」をしていた。

「伊藤忠の新入社員は営業に配属されると『受け渡し』という業務に就きます。先輩が決めてきた商売の商品の受け渡しをする。商品を安全にお客さまのもとに届けて仕事が完結する。手配、物流のサービス担当です。私は受け渡しを5年、やりました。通常は

1年か2年ですが、儲かっていない部門で新人が入ってこなかったから、5年間やりましたね。

専門的な話になりますが、化学品の受け渡しとは化学品を積み込むタンカーを手配することなんです。私の担当は国内と近海の手配で、例えば名古屋から京浜に運ぶ、山口県の徳山から神戸に運ぶ、あるいは京浜地区から宇部に運ぶ。毎日、8隻から10隻の船を手配して8種類程度の化学品を積んで運ぶわけです。

1980年代の中ごろでした。まだアナログな時代ですからPCもスマホもありません。分厚い受け渡し用の台帳をめくって、配船を決めて、電話連絡する。どこの船がどこにいるかは船会社に問い合わせなくてはわからなかった。今ではもうメーカーさんご自身がネットとメールで完結させています。誰でも位置情報を見ればわかる。当時は届け先に応じて使う船を決めていたので、商社が用船手配をして化学品を納入していました。

あの頃、今でもそうでしょうけれど、私が担当していた内航船は物流が多くて船が足りなかった。船をアレンジするだけで大変だったんです。三菱商事さん、三井物産さんは系列の船会社があるから、用船も手間はかからない。ところが、伊藤忠はいちいち化学品用タンカーのオペレーションをやっている船会社に依頼をして、積み地（出発港）と揚げ地（到着港）のそれぞれの担当者と連絡を取り合いスケジュールを調整しなければならない。

夕方の5時までに船名を連絡しなきゃいけない。連絡すると、現地担当者は『危険物の船積みです』と海上保安庁に船名を登録する。まあ、複雑な手続きのいる受け渡しだったんです。とにかく船積みと天候、航海の時間をきっちり把握して、化学品を受け取るメーカーさんに連絡しないと彼らは困る。もし船積みが遅れて港への到着が遅れると、最悪の場合、プラントが止まってしまう。これはもう大失敗ですから、一度でもプラントを止めたりしたら補償問題に発展し、私は会社にはいられなくなったでしょう」

情報は声をかけにくい人が持っている

「船が見つからなかったり、船積みが遅れたりしたことは何度もありました。それは失敗です。それでも化学品が届けばいい。遅れを知るには『今、おたくの船はどこにいるんですか?』と聞いて、把握しておかなくてはならない。荷揚げ後の空になった船をまた用船して、他の品物を運んでもらうからです。インターネットがなかった時代の用船手配は自分で情報収集して、すべて電話で行う。その場その場の判断も必要です。船のことに詳しくなればなるほど、仕事が上達する」

そこで、石井は考えた。仕事以外の時間に船会社の人から話を聞けばいい。そうして情報収集して仕事に生かす。だからといって訪ねていっても忙しい時にそんなことを教えてくれるはずがない。彼は新橋の赤ちょうちんへ誘った。会社はそんなことにお金を出してくれないから、昼食を切り詰めたりしてお金を作り、船会社のベテランに話を聞いたのである。

「用船手配を失敗するとつらいんです。先輩が取ってきた仕事でしょう。そこに採算外のコストが発生するわけですから。自分の失敗で先輩に迷惑をかけることになる。結局、慣れてないから、情報を取るのが下手だったから、用船手配ができなかった。

これじゃいかんと自分なりに考えたのは、情報のネットワークを作ること。それにはまず、自分を覚えてもらわなくてはならない。『伊藤忠で配船してるのは石井敬太だ』と認めてもらわないと、仕事にならない。

船会社のおっかない先輩たちをお誘いして、新橋の烏森口にある赤ちょうちんへ連れて行くわけです。

『よろしくお願いします。うちは、こういう航路で商品を週に何回は運んでます』そうして飲みながら船の情報を聞くわけです。何度も誘ううちに船業界の人たちと親しくなり、業界で知られるようになりました。

『伊藤忠は石井だ。石井は配船が上手い』となればしめたもの。財閥系商社の船積み担当が僕のところに聞きに来るようになりました。まあ、5年も受け渡しをやっている人間はいませんでしたから。それもあって、知られるようになりました」

若い人間が先輩にごちそうするのに、日本料亭に連れていくことはない。だからといって学生が行くようなチェーンの居酒屋の飲み放題に連れていくわけにもいかない。おっかない先輩たちが好きそうなリーズナブルな赤ちょうちん、小料理屋でいいんだと石井は言う。そして、毎回、自分が払わなくてもいい。自腹で相手にごちそうできる店であれば、その次は先輩がおごってくれる。こちらが払う時だけが接待ではなくて、先方が払う時もまた接待なのだと言う。

「お金の話だけじゃありません。こちらが情報をあげると向こうも情報をくれるようになる。持ちつ持たれつです。三菱でも三井でも、みんな船積み担当者は仲間になっていくんです。『何かあったら伊藤忠の石井に聞け』と言われるようになったら一人前です」

商人は小心者でいい

商社の仕事に物流の手配は欠かせない。そして、物流の障害とは自然災害、事故のような突発的なできごとだ。そういうものに備えるには「大物ではダメだ。小物でいいんだ」と石井は言う。

「大切なのはリスクコントロール。風が吹いて船が港に着かなかった場合はどうするか。他の港に揚げるのか。どうやったら被害を最小限に食い止められるのか。つねに最悪のシナリオを想定して、いくつかのオプションを持つようにしました。

今でも、リスクに備える気持ちが役に立っています。商売って、想定内であれば儲かるんですよ。でも、世の中は甘くない。必ず想定外のことが起こる。すると儲からなくなる。儲けるには最悪のシナリオについても考えておくこと。被害を最小限にして脱出することができるのかどうか。リスク管理を具体的にどういうふうにするか。

リスクマネジメントは大物には無理です。大物はイケイケになってしまう。私のような心配性じゃないとできない。岡藤さんだって心配性で、リスクに関しては細かくてかっちりしてる。

今、僕は伊藤忠が今後注力する分野について、リスクコントロールしています。資源分野など特定の事業領域に依存しないで全体的に収益を押し上げていく。一方で、当社として最大の消費者接点を持つファミリーマートを中心としたリテール分野に力を入れる。生活消費分野において、消費者接点を活かし、脱炭素ソリューション等もからめていく。マーケットインの目線で事業変革を加速していく。

どんな分野でもリアルの現場を見れば商いのネタは山ほどある。アンテナを高くして観察力を磨くこと。取引を生み出し、お客さまからお礼を言われたり、褒めてもらうなど、感動の現場に立ち会う。その繰り返しが商人を鍛えていく。感動の度合いが大きいところが自然と成長する。感動すれば一生懸命、働くわけですから」

酒は人を酔わさず。人が人を酔わす

伊藤忠に入り化学品の担当となった石井は、ラグビーで鍛えた体力で酒を飲んだ。目的は仕事相手と親しくなるためだ。使える交際費などほとんどなかったが、積極的に自分から誘った。また相手から誘われたら、必ず出かけていった。

「なぜ酒席を持つかといえば、人と人の距離を縮めるため。酒に酔うために店へ行くわけじゃないんです。取引先、関係者との距離を縮めることで、情報が入りやすくなる。これは日本だけでなく、中国でも韓国でも台湾でもどこでも同じ。お酒を介して距離を縮めることによって仕事がスムーズにいく。

若くてほとんど交際費がなかった頃は新橋界隈の居酒屋、小料理屋へ行きました。誘ったこともあれば誘われて飲んだこともあります。どちらかといえば誘われたことが多かったかもしれません。

誘われて飲んだ後、僕は必ずひとりでその店へ行きました。店のご主人、女将さんにお礼を言うためにです。そうすれば、また次にその店を使う時、こちらのためにいろいろ頼みごとを聞いてもらえる。それに、『伊藤忠の石井さんはいい人。いい人紹介してくれてありがとう』みたいなことを店の女将が取引先に伝えたら、それでいい関係になります。

お店では酒を飲んでぐだぐだになって、つぶれちゃだめです。相手にも店にも迷惑をかけるから。ただ、僕自身がつぶれた経験がないかといえばそんなことはない。中国の人が相手でしたが、中国人と飲む時は一度はつぶれたほうがいいんじゃないかな。中国へ行って『もうこれでお酒は結構です』と言うと、失礼な態度になる。最大限のもてなしが彼らの流儀ですから、合わせないといけない。とにかく食べきれない量の料理が出てきます。酒も乾杯の連続です。一度は、つぶれるくらいは飲まないと……」

飲んでつぶれたのは１９８０年代、中国の東北部、黒竜江省にある大慶油田近くの石油化学工場に行った時のことだった。ハルビンから列車で2時間半、大慶に着いたら、零下20度の寒さだった。冷気で吐く息は真っ白になった。化学品の担当だった石井の仕事は石油化学工場から化学品の原料を調達すること。

その時は石井ひとりではなく、中国通で知られた先輩社員が一緒だった。着いた日に歓迎会が開かれた。中華料理が山ほど運ばれてきて、すぐに乾杯。飲むのは白酒（茅台酒、汾酒）。アルコール度数は50度以上だ。それをストレートで飲む。飲むというか、一気にあおる。

宴席は一日ではなかった。昼間は交渉だが、夜は必ず一緒に飲む。中華料理の数々と白酒の乾杯が続いた。

「昼の交渉で国際価格をもとに説明しても、先方は聞く耳を持たないんです。当時はインターネットはありません。携帯電話もない。本社に問い合わせるなんて手間暇のかかることはできない。その場で決めなければならないんです。そうこうしているうちに出国日の前日になりました。どうしても今日こそは価格を決めなければならない。

その夜の宴席で相手から言われました。

『石井さん、あなたが1杯飲むたびに価格を1ドル下げてもいいですよ』

よーし、と思って飲みました。1杯、2杯と飲んで11杯目までは覚えています。その後、つぶれました。つぶれてもまだ飲んではいたようですが。

翌朝、もちろん二日酔いです。交渉のテーブルに着いたら、一枚、メモが置いてありました。「280−38＝$242」と書いてあった。相手は平然として僕に言いました。

『石井さんは昨日、38杯飲んだから』

ただ、あんなにたくさんの酒を飲んだのはたった一度だけです。

先方は僕を信用してくれました。その後の態度がガラッと変わりました。

『石井さん、あなたは酒席の約束を守る男だ。信用します。これからはいくらでもいい。あなたが最適だと思う価格で売ります』

『ただし』と言われました。

『石井さん、私に恥をかかせないでください』

その後、僕はどちらにとってもいいと思える価格を提示し、それで成約しました。売り手よし、買い手よし、世間よしの価格です。これは酒の飲み方を伝えたかったわけではありません。相手がどこの国の人間であれ、約束をしたら必ず守る、そして約束をした相手を信用するという話です」

石井の話を聞いて、ある中国人が口にしていた言葉を思いだした。

「酒は人を酔わさず。人が人を酔わす」

中国人は酒に酔って石井を信用したのではない。石井という真一文字に突っ込んでくる男に酔ったのだろう。

入社2年目で単身シベリアに

現副社長の小林文彦は1980年に入社し、最初に配属されたのは木材部門だった。2年目のこと、小林はたったひとりでロシア（当時 ソ連）、シベリアへ出張を命ぜられる。役目はアカマツ、カラマツ、エゾマツといった北洋材の丸太を輸入してくること。彼は木材輸入船に乗り込み、北へ向かった。航海は5日間続いた。北海道を過ぎ、間宮海峡を通り、アムール川河口の港町、ニコラエフスク・ナ・アムーレに着いた。しかし、そこは目的地ではない。大河を半日かけて遡行し、着いた場所は木材の集積場があるマゴという港町だった。

「僕は入社2年目ですから、右も左もわからない若造です。しかも、たったひとり。他の総合商社もマゴに人を派遣していましたが、彼らには木材の専門家が付き添いとして来ていました。河口には木材事務所があって、他の商社の人たちはロシア人と『やあやあ』と挨拶して、仲が良くて、仕事が進んでいるみたいでした。僕はひとりですし、紹介者もいないから、相手にされませんでしたね。

マゴでは『沖取り』と言って、川に木材を浮かべて、そのまま船に積載する。岸に揚げるわけではないんです。タグボートが木材の巨大ないかだを引っ張ってきたら、大型クレーンを使い、船に載せていく。

当時必要だったのはカラマツの8メートルサイズのものでした。ロングサイズです。上司からは『いいな、カラマツのロングだけだぞ』と。マゴに着いたら、どの商社もそれが欲しいから競争になるんです。他の商社は木材の専門家がついていて、彼らは事務所のマネージャーに豪華な土産物を渡して交渉していました。

僕はひとりだし、そんなこと知らないんですよ。だいたい船の中にいるわけです。ボートが来ないと事務所にも行けない。行ったとしても、土産がないから相手にしてもらえない。

木材が集積場にやってくるのは夜中です。川一面に丸太が浮いているという壮大な風景で、積み込みは朝、始まります。伊藤忠の船にもクレーンが次々と北洋材の丸太を揚げていく。ただ、どうも長さが違うんですよ。カラマツのロングではなく、4メートルのショートの丸太ばかり。焦りましたけれど、何も言えない。歯ぎしりするだけ。やっとボートに乗って、事務所に飛び込んで、ロシア人マネージャーに『8メートルのロングにしてくれ』と掛け合いました。おぼつかないロシア語でね。

ロシア人は『ダー（わかった）』とは言うんですよ。でも、何かやってくれている感じはない。相手にされないわけです。

翌日もまた、丸太のいかだが夜になるとやってくる。朝になると荷揚げが始まる。うちの船にはショートばかり。事務所へ行っても何も変わらない。何日も続いて、もう、損は確定ですよ。上司からは怒られる。

何とかしなきゃいけない。何とか8メートルの丸太を日本に持って帰らなくてはいけない。追い詰められて、眠れなくて、日本に帰ったら伊藤忠をクビになるから、仕事をさがさないといけないなあ、と。もう食事も喉を通りません。

思いつめた僕は川のそばにあった小屋に住んでいた現場監督を思いだしました。木材の荷揚げ現場を統括するのが役目のおやじです。他商社の人間は事務所の人間とだけ話をする。けれど、僕は事務所には相手にされないこともあり、ひとり現場監督のおやじの小屋を訪ねたんです。部屋にあったサントリーレッドの瓶を3本持って行きました。ただ、やけになって、酒を飲もうと思って……。アンドレーエフさんという名前でした。やせていて、眼光が鋭い人で。

ふたりでウイスキーを飲んでいたら、つい、僕が愚痴をこぼしたんです。『オレの船にはショートの丸太ばかり。日本に帰ったら、会社をクビになる』そう言ったら、アンドレーエフさんは『クレームは事務所のマネージャーに言え』と。いや、言ってもまったく相手にされないんだと伝えました。アンドレーエフさんは、お前は飲みすぎだ、もう帰れ、と。それで、僕はウイスキーを置いて、帰りました。つらかったですね。

その日の夜中にタグボートが丸太のいかだを引いてやってきました。また、ショートかと思うと、出ていくのも嫌だった。

ふとタグボートを見たら、アンドレーエフさんが乗っていたんですよ。アンドレーエフさんは僕を見つけて手を振りました。

『おおい、8メートルのカラマツを持ってきた。お前が欲しかったのはこれだろ』

言葉にならなかった。ただただ泣きました。

ウイスキー、いちばん安いやつなんですよ。ウイスキーを上げたからやってくれたわけじゃない。何もできない僕に同情したんですよ。あの時、つくづく教えられました。商売は人間同士がやるもんだ、と。日本人もロシア人も関係ない。マネージャーも若造も関係ない。国家元首も一般庶民も関係ない。人種も肩書も関係ない。人間と人間が心から触れ合えばなんとかなる。純な気持ちだけが通じる。

それでもあの時、結局、損はしました。二回目からの船で取り返しましたけど」

仕事をしていて、得したり、損したりすることはある。だが、人間同士の触れ合いに至る経験をすることは稀だ。

小林は幸せだ。そして、一度、会っただけのアンドレーエフさんの名前も顔も忘れていない。一緒に飲んだウイスキーの銘柄も、持って行った本数もちゃんと覚えている。

伊藤忠の副社長CFOが鉢村剛だ。CFOとはChief Financial Officer（最高財務責任者）のことで財務戦略を立てる人をいう。平たく言えば伊藤忠の金庫番である。

そんな彼は新卒で入ったのではない。キャリア入社、つまり中途採用で伊藤忠に入社している。

大学を出た後、都市銀行に入り、短期間で辞めた後、鉢村はアメリカへ渡った。小さな上場日本企業がアメリカに持っていた子会社に勤め、28歳から33歳までは社長をまかされていた。鉢村は経営者として全力で仕事をした。

しかし、彼はそこを辞めてしまう。会社に持っていた期待と信頼をなくしたからだ。日本に戻り、34歳の時、伊藤忠に入社した。ゼロからのスタートだった。

なぜ、伊藤忠に入ったかと言えば、「期待できる、信頼できる会社」と思ったからだ。

「私はもともと、前職の会社に期待と信頼を抱いていました。しかし、徐々にどこかおかしいと感じるようになってしまった。そのまま子会社の社長を続けていれば、今もその会社は存続していたかもしれない。しかし、鉢村剛個人の信用を毀損してしまうに違いないとも思ったのです。

アメリカのビジネス社会では会社の信用もさることながら、個人の信用が問われます。

自分自身が扱っていた商品を信頼できなくなったら、やめるしかないと判断しました。私は働く会社には期待と信頼を持たなくてはいけないと思いますし、会社もまた従業員に対して期待と信頼を持つべきです。お互いがそういった緊張の糸をつなぎながら働くべきです。相手に対して期待と信頼がなくなってしまったら、離れるしかありません。それで日本に戻ってきたのです」

鉢村はアメリカで働いていた時、その会社の本社や周りからは評価されていた。いつも褒められていた。しかし、鉢村は褒められたからと言って自分自身が成長したとは思えなかった。

伊藤忠に入ってから懸命に働いた。次第に重い役目を背負うようになっていった。会社や上司は鉢村を甘やかしたり、褒めそやしたりはしなかった。しかし、中途入社だからという差別は一切なかった。

「伊藤忠の人間は経営陣も従業員も投資家やお客様といった社外の方々に対して言ったこと、約束したことはきちんと守ります。当社がやっていることはその繰り返しです。繰り返しているうちに、商人にとってもっとも大切な信用と信頼という資産を増やすことができる」

他の総合商社であれば、鉢村は副社長にはなってはいないだろう。中途入社の彼が副社長でいることは伊藤忠がフェアな会社であること、誰に対しても機会を均等に与えていることを示している。

バフェット曰く「オカフジさんは Good Storyteller」

投資の神様と呼ばれるウォーレン・バフェットは自身が率いる投資会社バークシャー・ハサウェイを通じて2020年、日本の5大商社（三菱商事、伊藤忠商事、三井物産、住友商事、丸紅）に投資した。バフェットが90歳の時だった。

3年後の2023年、彼はプライベートジェットに乗って日本にやってきた。目的は自身が投資した会社の経営者と面談すること。彼は、これぞと見込んだ会社の代表と自ら胸襟を開いて語り合いたかったのだろう。5大商社のうち、真っ先に面会したのが伊藤忠の岡藤と鉢村だった。鉢村がバフェットの後継者とされるグレッグ・アベル（バークシャー・ハサウェイ・エナジー会長）と緊密に連絡を取っていたため、日本訪問の事前相談を受け、真っ先の面談となったのである。

鉢村は言った。

「僕は伊藤忠のＩＲ担当として、大株主であるバークシャー・ハサウェイのグレッグ・アベルとは日ごろからやり取りをしていました。来日した２０２３年、バフェットさんとグレッグ、岡藤と僕の４人で会いました。岡藤が伊藤忠の経営や働き方改革について説明するのを先方がにこにこ頷きながら聴いているといった様子でした。

バフェットさんは岡藤を見に来たんですよ。会社の業績についてはアニュアルレポートでわかっていたから、岡藤がどういう人間なのかを知りたかったのでしょう。

バフェットさん、お目にかかった時は92歳。おじいさんでしたけれど、目つきは鋭い人でした。岡藤と僕は伊藤忠のさまざまな話をしたのですが、バフェットさんは伊藤忠の業績についてはすべてを把握していました。

『アニュアルレポートをありがとう。いつも楽しく読んでいる』と言っていました。一般のアニュアルレポートって数字だけが載っている無味乾燥なそれですけれど、うちは経営者がしゃべるコーナーがあります。バフェットさんはそのコーナーが面白いと言って、『オカフジさんは Good Storyteller』とも言っていました。

経営に関して一貫したストーリーを持っていて、それを上手に表現することができる経営者ということでしょう。バフェットさんが評価する経営者は Good Storyteller なのでしょうね。そうそう、帰り際にこんなことも言ってました。『オカフジさん、何かいい案件あれば直接、電話をください。すぐに判断しますよ』と。でも、まだ岡藤からバフェットさんに直接、電話したことはありません」

投資の神様、ウォーレン・バフェットは94歳という高齢になっても、事業欲、投資欲はまったく衰えていない。そして、彼が総合商社5社の株を大量に買ったことは、日本経済の評価につながる。5つの総合商社が投資している領域は資源エネルギーから自動車、繊維、日用品に至る日本の経済活動すべてにわたる。投資の神様は日本の経済活動を評価し、応援している。

そして、彼が買った後、総合商社の株価は上がっているからバークシャー・ハサウェイは儲けている。バフェットよし、5大総合商社よし、日本よしの三方よしの投資になっている。ウォーレン・バフェットはアメリカ人だけれど、近江商人の系譜に属する人とも言えるかもしれない。

第2章　近江商人の言葉

三方よし

伊藤忠のルーツは近江商人である。近江商人の言葉のなかでも知られているのが「三方よし」。この言葉は、売り手、買い手、世間の三方にとってよい取引をしろという意味だとされている。

斯界の権威、滋賀大学名誉教授の宇佐美英機はこう解説する。

「『三方よし』の起源は諸説ありますが、その一つとされている中村治兵衛家の家訓の中には、『売り手によし、買い手によし、世間によし』の表現は見当たりません。『売り手によし、買い手によし、世間によし』にあたる記述が登場するのは、あくまで初代伊藤忠兵衛の言葉が最初なのです。（略）近江商人独自の商売のスタイルを長年続ける過程で到達した精神が『三方よし』の源流にあり、それを最初に明確に言語化したのが、初代伊藤忠兵衛です。日本で『三方よし』を『創業の精神』とまで言い切れるのは、初代伊藤忠兵衛を創業者に持つ伊藤忠商事と丸紅だけではないでしょうか」（伊藤忠統合レポート2020）

確かに「三方よし」の起源には諸説がある。原典のうちのひとつとされるのが近江国神崎郡石馬寺村（現在の滋賀県東近江市五個荘石馬寺町）の麻布商、中村治兵衛（法名宗岸）が残した遺言状「宗次郎幼主書置」だ。書置の第8条には「自分のことばかりでなくお客のためを思え」といった三方よしにつらなる言葉がある。

「たとえ他国へ行商に出かけても、自分が持参した商品を、その国の人々が皆気分よく着用してもらえるように心掛け、自分のことばかりを思うのではなく、まずお客のためを思って、一挙に高利を望まず、何事も天道の恵み次第であると謙虚に身を処し、ひたすら行商先の人々のことを大切に思って、商売をしなければならない」（『商家の家訓』吉田實男　清文社）

強調しているのは、三方よしというよりも、客を思えということだ。「その国の人々が皆気分よく着用してもらえるよう」という言葉は、「その国の人々」すべてを客と考えろとも受け取れる。つまり、他国へ行ったら自分以外はすべて客だ、客と思って行動せよ、居住まいを正せということではないか。三方よしの起源をさかのぼると「客はすなわち世間だ」としている。

三方よしは自分、客、世間と3つの立場についての言葉のように思われるが、中村治兵衛の遺言状にある言葉に従えば、そこにあるのは自分と客（世間）という2つの立場だ。わたしは「自分以外はすべて客」と考える方が商人らしい言葉だと思う。

ここにあるように三方よしは人によって解釈の余地がある便利な言葉だ。それぞれの立場の人間が自ら解釈してもいい。そうすれば、より実践的な処世訓になる。

自分だけを起点にして商売を考えない

わたし自身は三方よしを次のように解釈している。

三方よしとは、売り手よし、買い手よし、世間よしとされている。つまり、3人の人間がいることが前提の言葉だ。だが、商人とは果たして、売り手、買い手と立場が固定される存在なのだろうか。商社は品物を仕入れて売る。つまり、売り手でもあるけれど買い手でもある。さらに加えて、商人はその取引が正しいか正しくないかという第三者（世間）の目を持っていなくてはならない。つまり、三方よしという言葉は3人の人間がいる前提の言葉として解釈されているが、現実の商人はひとりで売り手、買い手、世間という3つの立場を経験している。

すると、もうひとつの意味が生まれてくる。それは「自分だけを起点にして商売を考えない。自分だけが儲かる仕事にしないこと」。そして、これは岡藤がつねづね言っていることだ。

自分だけを起点にしない商売をすることが、結果的に三方を満足させるのである。商人であれば、三方よしにはふたつの解釈の仕方があると思った方がいい。

「三方よし」が伊藤忠の企業理念になった理由

伊藤忠は2020年から企業理念を「三方よし」に変えた。岡藤会長と相談の上で、取締役会で小林文彦が発議したところ、満場一致で「異議なし」となり、その瞬間から企業理念となった。それ以前の企業理念は「Committed to the Global Good. ～豊かさを担う責任」。英語も入っていて、総合商社の企業理念らしい言葉だ。だが、小林はあえて「三方よし」を提案した。理由は「伊藤忠には商人の言葉が要る。それならみんなが知っている、三方よしだ」と確信したからである。

「三方よしは、『売り手よし』『買い手よし』に加え、近江商人が地域経済に貢献した証拠でもある『世間よし』が入っていることに意味があります。サステナビリティの源流ともいえる言葉です。

三方よしを企業理念にした時、私たち経営陣は社員に向けて説明会を開いたりはしませんでしたし、パンフレットも作っていません。何も説明しなくとも、全社員集会を開かなくとも、伊藤忠の社員であれば創業者である初代伊藤忠兵衛の言葉から生まれたものと分かっているからです。

三方よしは現在の経営環境変化に対応した言葉ですし、何よりも分かりやすい。ハーバードビジネススクールのケースとしても取り上げられました。日本人でもアメリカ人でも理解できる、誰もが共感できる言葉だからです。この言葉こそ『伊藤忠らしさ』を表しています」

確かにテクニカルタームに近い英語の表現よりも、三方よしの方が等身大で胸襟を開いた感じに思える。

「この取引は利益が出る。しかし、果たして『三方よし』に則ったものなのか？」

仕事をしていると、金にはなるけれど、なんとなくしっくりこない取引を持ち掛けられることもある。そんな時、伊藤忠の社員は「これは三方よしではない」「世間よしの要素が入っていない」と即座に判断することができる。

小林は「創業者の言葉はまだあります」と、次の言葉を付け加えた。

「地主の足跡は田畠の肥料となり、牧主の眼光は牛馬の毛沢を増す」

経営者は何事も率先垂範して事にあたれという意味だ。

田畑を持つ地主は百姓が働く田んぼを放っておいてはいけない。自らもまた現場に行くべきだ。そして牧場の主は牧童に仕事をまかせるのではなく、自ら飼っている牛馬に目を光らせ、手入れしてやること。そうすれば牛馬の毛色は良くなり、色つやはさらに増していく。伊藤忠が重視する「現場主義」を表す言葉でもある。

客先の在庫も自分の責任

三方よしに関係のあるエピソードがある。岡藤が若手社員時代、紳士服地をラシャ屋に販売していた時のことだ。あるラシャ屋からこう言われた。

「お宅から仕入れた在庫が余っていて困ってる。だからといって付き合いのないルートに流して安売りされたらもっと困るしなあ。どうすればいいかな、岡藤さん」

品物はあくまでラシャ屋に売ったものだ。売り渡した商社の人間がラシャ屋の在庫の責任まで持つ義務はない。しかし、岡藤は相手が困っているのを見て必死に打開策を考えた。売り手の立場だけでなく、生地の買い手の立場に立ったのである。

「わかりました。在庫になった生地は伊藤忠の国内支店の社員に売ります」

岡藤は買い手を伊藤忠の国内支店の人間だけにしておけば、格安で売ってもブランドイメージが傷つくことはないと考えた。そこでラシャ屋の人とトラックに乗り、釧路支店から鹿児島支店まで日本全国をまわって販売を続けた。そうして在庫の紳士服地を売り切ったのである。

そこまでやる大手商社の人間はいない。ラシャ屋は喜んだ。

「商売が終わった後なのに、あんた、うちのためにようやってくれた。ありがとうな」

売り手の伊藤忠は買い手から感謝された。買い手のラシャ屋は在庫をさばくことができた。そして、ブランド物の紳士服地を安く買うことができた伊藤忠の国内支店の人間も喜んだ。これが三方よしのビジネスだ。そのラシャ屋はその後もずっと岡藤から生地を買ってくれたという。

伊藤忠から少々脱線するが、取引相手の立場に立つことについて、セコムの創業者、飯田亮《まこと》から聞いたエピソードがある。わたしが飯田亮に「成功した秘訣は何ですか？」と訊ねたら、飯田は言下にこう答えた。

「何があっても自分の責任だと思って仕事をすること。相手の立場に立って自分の仕事を見直すこと。とにかく自分の責任なんだと思い込む。郵便ポストの色が赤いのも、台風が日本にやってくるのも全部、自分の責任だと考える。『これはあいつの責任だ。自分とは関係がない』とは口が裂けても言わないこと」

そう言ってから「わっはっは」と豪快に笑った。

持ち下り——総合商社の仕事のプロトタイプ

総合商社の伊藤忠と丸紅を作ったのが初代の伊藤忠兵衛だ。忠兵衛は江戸時代の末期、天保13年（１８４２年）に生まれた。同時期に生まれたのが渋沢栄一（２歳年上）、伊藤博文（１歳年上）、大山巌（同年生まれ）といった維新の英雄たちである。初代忠兵衛は幕末、明治維新を乗り越えて現在まで続く総合商社の礎を築いた人物だ。

初代忠兵衛は琵琶湖に近い滋賀県犬上郡豊郷町《とよさとちょう》八目《はちめ》（現在の地名）に生まれ、15歳になって元服してから近江特産の麻布類を持って卸売り販売の旅に出た。これを持ち下りという。

「持ち下り営業とは商品携帯出張卸販売のことで、（略）小売り行商とはちがう」（社史『伊藤忠商事100年』）

行商とは小売りのことで店舗を持たない商人が一般消費者に直接、モノを売ること。一方の持ち下りは卸販売、すなわち商社の仕事の原型だ。

初代忠兵衛は近江から京都、大坂を経由して瀬戸内海を通り、北九州まで販売に出かけた。主な商品は麻布である。現在では麻布、麻製品は夏のおしゃれな衣料となっている。しかし、明治に入って木綿が盛んに生産されるようになるまでは、麻布はさまざまな用途に使われていた。衣類を始め、下駄の鼻緒の芯縄、畳糸、建材、網や酒の搾り袋などに用いられた。そして、衣類用の麻は冬でも温暖な関西から、中国、四国、九州で使用されたのだった。

利益三分主義

初代忠兵衛は30歳になる1872年（明治5年）、大阪の本町に呉服太物商「紅忠《べんちゅう》」を開店する。呉服とは絹織物、太物とは綿織物、麻織物のこと。ただ、ここでも小売りではなく地方から買いに来た小売商に卸販売するのが紅忠の業務だった。店とは言うものの、実際は衣料品、雑貨を卸売りする会社の本社機能と言っていい。

店を開き、従業員を雇ってから、初代忠兵衛は近代的な経営に乗り出す。社則にあたる店法を制定し、経営の合理化と組織化を図った。

店法には社員の義務と権限が定められていた。明治5年である。維新から5年目で、その年、全国の戸籍調査が行われ、日本の総人口は3500万人弱だった。新橋、横浜間に鉄道が開通、そして人身売買の禁令が布告された。禁令が布告されたとは前年までは堂々とやっていたということだ。なお、明治天皇が初めて牛肉を食べたのも明治5年だ。そんな時代、忠兵衛は紅忠に店法を作り、利益三分主義を定めたのである。利益三分主義とは店の純利益を本家納め、本店積立、店員配当の3つに「均等に」分配するというもの。

令和の現在でも企業経営者のなかには「会社の財産は竈の下の灰までオレのものだ」と考えている人間がいる。家族主義を謳いながら、社員の給料を低く抑えている経営者もいる。だが、初代忠兵衛は本家納め、つまり自分の懐に入る金と、社員に分ける金を均等にしている。なかなかできることではない。

ひとりの息子を育てるよりも百人の子どもを育てたい

それにとどまらない。会議制度を取り入れたり、高等教育を受けた学卒社員を入社させたりした。運送保険の利用もしている。

忠兵衛は開業から12年後の1884年頃には社内行事として「一六」の会を始めた。毎月、1と6がつく日（6回）に開く、全員参加の牛肉を食べる会だ。「すき焼き会は家族主義の表れ。無礼講で忠兵衛も店員もへだてなく酒をくむ懇親会」（社史『伊藤忠商事100年』より）。忠兵衛と店員たちは同じ肉を食べ、酒を酌み交わした。加えて、年に何度も芝居、相撲見物、納涼船遊びなど、社員のための行事を催している。

『食の社会史』（茂木信太郎　創成社）には同じ時期（1886年）の越後屋呉服店（現三越伊勢丹。三井物産の源流）の食事の内容が載っている。越後屋呉服店の店員が食べる食事は3食とも白米だったが、朝はみそと漬物が付くだけ。昼はそら豆と漬物、夜は漬物。ひとり1日あたり約1800キロカロリーだった。その時代に伊藤忠で働く社員は月に6度も牛肉を食べることができた。

「ひとりの息子を育てるよりも百人の子どもを育てたい」は社員を愛した初代忠兵衛の言葉だ。文字通り、忠兵衛は自分の子ども以上に社員のことを考えた。開明的で社員思いの経営者だったのである。

渋沢栄一の研究者であり東大教授の土屋喬雄《たかお》（1896〜1988）は明治時代の3人の経営者についてこう語った。

「渋沢栄一氏は孔孟の教えを、森村市左衛門氏はキリストの精神を、伊藤忠兵衛氏は釈迦のこころをそれぞれ事業経営のよりどころとした」（社史『伊藤忠商事100年』）

渋沢栄一は著書『論語と算盤』にあるように儒教を学び続けた。そして、「道徳がなければ商売の才能があるとは言えない。道徳を養うのは『論語』である、だから『論語』によって商才を養う」とした。

森村市左衛門は森村財閥を作った男で晩年、キリスト教の洗礼を受けている。日本陶器合名会社（現ノリタケ）を設立し、同社の陶業の技術を生かして現在のTOTO、日本ガイシ、日本特殊陶業などが生まれている。森村は教育、福祉など社会事業にも熱心で財団法人森村豊明会を設立。森村学園を建学し、日本女子大豊明幼稚園、小学校には多額の寄付をしている。

初代忠兵衛は浄土真宗の熱心な信者だった。息子の二代目伊藤忠兵衛には「たとえ全事業、全財産を失うとも信仰を失ってはならない」とまで言っている。

初代忠兵衛の言葉に「商売は菩薩の業」がある。菩薩とは何か。大谷大学ウェブサイトの「生活の中の仏教用語」には次のような、わかりやすく面白い説明が載っている。

「菩薩とはサンスクリット語の『ボーディサットバ』の音訳で、正確には『菩提薩埵』と訳される。（略）一般的には、『悟りを求める人』と訳す。

しかし、ただ単に自らの悟りを求めるだけではなく、広く衆生の悟りの手助けをする人、人々の救済に懸命になって、みずからの身をすり減らすような人、そうした人がよく菩薩と呼ばれる。

また悟りをえた人を仏とするなら、菩薩とは仏にいたる過程にある者をいう言葉でもある。そういう意味で釈尊の前世、前身を菩薩と称することもある。しかし、菩薩とは決して出家した求道者だけを指す言葉ではなく、在家の者に対してもよく使われる。そうしたこともあって『山口百恵（筆者注　昭和のアイドル）は菩薩である』などという言い方もされるのであろう」

つまり、仏にいたる過程にある者が菩薩だ。初代忠兵衛は「商売は菩薩の業」と言った。商人は倫理感、道徳を持ち、社会事業にも携わるべきという意味だろう。

自らの悟りを求めるだけではなく、人々の救済に懸命になって、自らの身をすり減らす気持ちで生きていけということだ。

利益は危地にあり

初代忠兵衛は信仰心と倫理観を大切にし、社員に優しい経営者だったが、ビジネスに甘かったわけではない。自らの仕事については挑戦を続け、戦地でも仕事をしている。維新の直前、第二次長州征伐(1866年)で幕府軍が防長(周防と長州。現山口県)へ軍を進めようというときにも彼は麻布を持って船で九州へ渡った。他の商人たちが戦乱を避けて持ち下りに行かなかったこともあって、忠兵衛は大きな利益を上げた。また、明治になって西南の役(1877年)後の物価高、不況の時代に際しては部下のひとりを九州へ出張させ、明治政府が士族に下付した金禄公債を買い集め、それを大阪の両替商黒川幸七商店へ売却して多額の儲けを得た。

金禄公債とは秩禄処分《ちつろくしょぶん》(1876年)の後、政府が発行した借り入れ証書をいう。秩禄とは武士が主君からもらっていた家禄などの俸禄のことで、維新の後は明治政府が諸藩の武士階級に払い続けていた。だが、国家財政の3割近くにもなる大きすぎる負担だった。そこで1873年、明治政府は「秩禄奉還の法」を定めて、現金および公債証書と引き換えに自発的な俸禄の奉還を募った。1876年には「金禄公債証書発行条例」を制定して家禄を全廃、金禄公債証書を交付して俸禄の支給を打ち切ることにした。

金禄公債の額は家禄の5年から14年分で、元金は5年間の据えおき、6年目から毎年、抽選で支払う相手を選び、30年間で償還することになっていた。交付を受けた人数（華族、士族）は約31万3000余人、公債の総額は約1億7400万円、ひとりあたり平均で華族が6万4000円程度だったのに対し、士族はわずか500円足らずだった（当時の米価は1石＝100升　約5円）。不平士族が出てきた背景にはこうした事情がある。

西南の役の後、政府が紙幣を乱発したためインフレになり、国民の生活が苦しくなっていた。特に士族は苦しく生活のために公債を額面よりも安く売り払って現金化した。額面100円の公債を半額で買いたたく商人もいたという。しかし、「商売は菩薩の業」と決めている初代忠兵衛は「必ず時価で買うこと」と部下に言い含め、時価の60円から70円で公債を買い取った。

その後、大蔵卿、松方正義の財政緊縮政策で物価は大暴落し、絹織物の卸値が3分の1となった。紅忠（伊藤忠の前身）の同業は損失を出し、倒産も数多く出た。しかし、初代忠兵衛は現金取引主義で信用販売を行っていなかったこともあって、不良債権を持たず、紅忠は微動だにしなかった。何より喜んだのは紅忠と現金で決済していた取引先だった。彼らもまた紅忠を真似て現金取引を主にしていた。初代忠兵衛の考え方が取引先を守ったと言える。

総合商社は今や投資会社になっている。株を持つ傘下の事業会社は数多い。仮に総合商社が先の見通しを誤ったら、事業会社にもまた影響が出る。さらには取引先も困る。「商売は菩薩の業」を通すためには事業で失敗するわけにはいかない。先の見通しと商売に対する自信がなくては言えない言葉だ。

「だるまびき」と技術移転

初代忠兵衛の仕事はまさしく現在の総合商社と同じだった。持ち下りという出張卸販売だけでない。金禄公債証書を遠隔地の九州まで行って士族から買い集め、大阪の両替商（証券会社）に利を載せて売るという金融ビジネスも行った。また、技術移転と人材派遣による事業投資もすでにやっていたのである。

技術移転の一例が地元、近江の製糸技術「だるまびき」である。初代忠兵衛は「だるまびき」を遠国の防長へ移転し、人も派遣して事業化している。

だるまびきとは生の繭を「だるま」と呼ばれる座繰り製糸機で糸にすることだ。できあがった絹糸は「江州《ごうしゅう》だるま糸」と呼ばれ、貴重でかつ高額なそれになる。つまり、付加価値の高い製糸技術がだるまびきだ。生の繭を85度の熱湯につけて糸口をたどるのだが、その際、使われるのは賤ヶ岳の山水でなくてはならないとされている。

忠兵衛は高品質の絹糸を作る技術と技術者（女性）を近江から防長2州へ派遣して、そこで地元資本と共同で蚕糸業を経営したのである。事業投資であり、技術移転だ。

彼は自ら手記にこう書いている。

「わたしも（だるまびきの）製法をしっているから女工員と同時に技術も導入する」

初代忠兵衛が事業投資を行ったのは第二次長州征伐の直後だ。明治維新の直前で、他国の人間は長州領には入ることができなかった。だが、初代忠兵衛は長州が討幕のために外国から武器を購入するための金が必要なことを知っていた。また、蚕糸が輸出品として海外に重要視されていることもわかっていた。そこで、近江の特産品の技術と技術者を自ら引き連れて現地で事業を起こし、経営したのである。

彼は変化に際して機敏に動き、戦乱のなかで敵地に乗り込むという勇気を見せた。なんといっても彼の地元、近江彦根藩の前藩主は幕府大老だった井伊直弼だ。桜田門外の変で暗殺され、当時の長州とは敵対していた立場にある。それでも初代忠兵衛は防長の商人、寺田矢兵衛と共同で事業を始めている。

現在、伊藤忠は世界の各地で地元資本とビジネスをしている。日本から遠く離れた国でも事業投資を行っているが、それは初代忠兵衛が創始したことの延長線上にあるのだ。

熱心な浄土真宗信者

初代忠兵衛は熱心な浄土真宗の信者だった。「商売は菩薩の業」と言ったのも信仰とともに仕事をし、生活していたからこその言葉だ。店を開いてからは朝と夕方、仏壇に向かって念仏を唱えた。毎月一度は法話会を開き、従業員、取引先、近所の人間にも参加してもらった。

忠兵衛を始めとする近江商人はおかげさまの精神を大事にしていた。大きな力のおかげで生きていられるということで、その延長として「させていただきます」という言葉を使った。今ではファーストフード店などサービス業の仕事現場では「させていただきます」が当たり前の敬語になっているが、忠兵衛はそれを先取りしていたわけだ。

浄土真宗を開いた親鸞の『教行信証』には「他力というは、如来の本願力なり」とある。他力とは他人の力のことではなく、阿弥陀如来の大きな力のことだ。おかげさまとは阿弥陀如来に対しての言葉で、大きな力のおかげで生きていられる、何事かを成しとげたという意味だ。

だからといって初代忠兵衛は阿弥陀如来にすがって生きたのではない。仏という大きな力を敬い、教えをよりどころとして、自らの判断と才覚で人生を切り開いていった。正しい信仰のあり方だった。宮本武蔵の言葉とされる「我、神仏を尊びて、神仏を頼らず」に似ている。

水運の利用

初代忠兵衛たち近江商人が利用したのが琵琶湖から京都、大坂、瀬戸内海から日本の各地へ続く水運だ。地元の産物を船で全国に輸送することができた。

初代忠兵衛は持ち下りに際して、琵琶湖の東、湖東地区から麻布などを九州へ持っていくのに水運を駆使した。湖東の八目村から彦根の薩摩《さつま》浜《はま》までは約7キロ。その間だけ荷車を使い、そこからは琵琶湖、高瀬川、淀川を利用して、京都、伏見から大坂へ。大坂から先は瀬戸内海を大型の和船で運んでいった。

特に琵琶湖を使えることは経費の面で大きな利点があり、しかも運搬の時間もかからなかった。琵琶湖を水源とし大坂湾に注ぐ淀川は、上流域で瀬田川、中流域で宇治川と名を変えるが、京都と大坂を結ぶ交通の大動脈だった。

わたしたちは江戸時代の物流というと漠然と馬で運んだものと思っているけれど、商人たちが利用したのは河川と海の水運だった。陸路には関所がある。通行手形や荷物を調べられる。また、道中、宿に着くごとに馬や荷車から荷物を下ろして載せ替えなくてはならない。陸路は往来そのものに時間を取られるし、煩瑣な手間がかかる。その点、船は載せてしまえば何もしなくていい。陸を往くより海路を使った方が便利だった。

人格者を重用するな

初代伊藤忠兵衛が亡くなった後、次男の精一（1886〜1973）が二代目伊藤忠兵衛と名乗り、伊藤忠、丸紅の両社を経営した。次男が忠兵衛の名を継いだのは兄の萬治郎（長男）が早世したためだ。

二代目忠兵衛が終生、尊敬したのが井上準之助だ。井上準之助は山本権兵衛、濱口雄幸、若槻礼次郎の3人の首相に大蔵大臣として仕えた金融財政の専門家で、日本銀行の総裁も2期、務めている。

二代目忠兵衛は若い時、井上本人からこう言われた。

「君の人物評定は大体正しい。その半面、感情が非常にきつい。感激性が強いのと、正義を愛する精神から少しでも曲がったやつを排し、人格者を重用したがる性格がよく見える。しかし、それはどうかな。能力と人格が並行する人もあるが、そうでない場合もままある。ことに君のような古い家では老番頭のなかには『命をかけて』などという人もいるはずだ。それはまことに迷惑な話だ。一方的な見方で物事を処理してはいけない。俺が君に言いたいのは、人格者ばかり使ってはいけないということだ」

人格者とは優れた人物、高潔で道徳的な人の意味だが、井上が表現した「人格者」は少し意味が違う。例に挙げた、忠義ひとすじの老番頭のような人間のことだ。忠義ひとすじだが頭が固い、柔軟性がないということだろう。そういう人間はビジネスで革新的な提案をしてこないのではないかと暗に伝えていると言える。

井上準之助は経済のことがわかる政治家で、第二の渋沢栄一とも呼ばれた実務家だ。

「人格と能力はまた別の問題だ」と人事に際しての本音を正義感あふれる若い弟子（二代目忠兵衛）に伝えたかったのだろう。

伊藤忠の中興の祖と呼ばれたのが越後正一だ。越後は昭和の高度成長時代に伊藤忠の社長を務め、在任中に資本金を6・5倍、従業員数を2・7倍、売上高を10倍、グループ会社数を2・5倍と大きく成長させた。そう自分で書いている。越後は二代目忠兵衛の薫陶を受けたこともあり、非常に尊敬していて、大切にしていた言葉もまた二代目と同じだった。

「（二代目忠兵衛）翁には、若いころからいろいろと教えられたが、事業経営の話の中に、経営にとって、人格者ほど危ないものはない（筆者注　忠兵衛はここまでは言っていない）というのがあった。これは翁がまだ若い時、のちに蔵相になって金解禁をやった井上準之助氏から、在米中に教えてもらった言葉だと聞いたが、聖人君子というだけでは経営は難しい。信用はできても、経営の才能は別だから、それを混同しないようにということだが、大変味のある教訓だと思う。事実私の知る限りでも、どうかと思う行き方で、うまく成功している人が多くある。それなりの手腕と努力はわかるが、そこに厚かましさというか、並々ならぬ神経の太さがある。人生は運、根、鈍というが、あるいは運と横着だといえるのではなかろうか」（『私の履歴書　経済人　16』越後正一　日本経済新聞社）

越後による井上準之助の言葉の理解は、二代目の理解とは少し違う。越後はこう受け取った。

「儲けるためには道徳ではなく、腕力で戦ってくるやつがいる。自分たちが真似しようとは思わないが、商売のライバルにはそういうやつがいることを忘れてはいけない。商売に際して、ええかっこしいだけではいけない」

越後は苦労していることもあって、二代目忠兵衛よりもなお、人の裏の顔をよく見ている。人格の力だけでビジネスができると思ったら、それは大間違いだ、と。何も越後の人格がよくないわけではない。口に出す者は多くはないが、「商売にええかっこしいは必要ない」は経営者の本音だと思う。資本主義の世の中では金力と腕力と強引さはそれなりの力を持つ。ただ、それを自己中心的に使うから問題が起きるのだ。

優等生のアイデアは保守的で退屈

岡藤正広もまた「人格者を重用せず」について、その意味を尊重している。WBC（ワールドベースボールクラシック）で世界一を勝ち取った栗山英樹監督との対談でこう言っている。

「立派な人の言葉も（忘れられないものがある）。例えば井上準之助という人がいたんです。

日銀総裁、大蔵大臣。この方が『人格者を信用するな』と言っているんです。

どういうことかと思ったら、人格者を否定するんじゃなく、人格者というのはだいたい保守的で常識的なことしか言わないから、難局を切り開くための斬新な発想はないと。だからそれをうのみにしてはいけないよと。そういうことなんですよね。なるほどなと（思いました）。会議でも、だいたい優等生的な人が言うのはあんまり役に立たないんですよ。ちょっと、やんちゃくれの人が言うほうが、ヒントになる場合がある。こういうことですよね。（略）

多様性というのはそういうことだと。優等生的な人ばっかりでは、会社は伸びないですよ。特に先が見えない時代ですから。いろいろな人を集めて、それはスポーツ系も理科系もいろんな人を集めて、力を結集していくというほうが幅が広い」（NHK番組での対談）

確かに岡藤は財閥系商社の真似をしたわけではない。財閥系商社にあるような優等生のチームを伊藤忠に作ったわけでもない。財閥系にはあまり見かけないやんちゃくれのキャラクターも入れて、財閥系商社の優等生チームと戦っている。人格者というより純血種ばかりのチームでは、戦う時の作戦の選択肢が少なくなると恐れたのだろう。突飛な意見でもいい、奇策も歓迎するのが野武士集団と呼ばれた伊藤忠の経営スタイルだ。

百人のうち九十九人に誉めらるるは善き者にあらず

戦国時代の武将、武田信玄は「人格者を重用するな」に似た格言を残している。

「百人のうち九十九人に誉めらるるは善き者にあらず」

全員がその人を誉めるとは要するに八方美人で自分の意見を持っていないからだろう。周りも心から誉めるのではなく、これといって指摘するような固有の美点が見当たらないから、とりあえず誉めたわけだ。毒にも薬にもならない退屈な人間だから、100人のうち99人が「いい人ですよ」と言っておくのである。それだけのことだ。

この言葉は通常であれば名言の範疇には入らないだろう。だが、伊藤忠の経営者のうち、中興の祖と言われる越後と岡藤はこの言葉を実感している。商売と経営には実用的で役に立つ商人の言葉なのだ。

第3章　口に出さない言葉

外部環境を言い訳にしない

前章まではビジネスパーソンが稼ぐために役に立つ言葉を集めたが、この章では商人ならば言わない言葉、やらない行動を載せた。

伊藤忠に限らず、どの会社にも社内ルールがある。また、数々の法令を遵守することも働く人間の責務だ。会社は「遅刻はしない」とか「休むときは連絡する」といった集団を維持するルールを制定する。そして、会社に所属する人間はルールを守らなくてはならない。

それなのに決まっているルールに対して、文句を言う人間がいる。ルールを変えるために自分の都合や外部環境を持ち出してくる人間もいる。

社内のルールはスポーツのルールと同じ。サッカーは11人でやるのがルールで決まっている。それなのに、「うちは弱いから10分間だけ12人でプレーしたい」と言ってくるチームはいない。社内ルールは自分の都合で変えることはできない。

岡藤はこう言っている。

「僕の経験から言うと、仕事ができない人間ほど、社内のルールに対して細かい文句を言ってくる。会議の最中に予算が達成できない理屈ばかりをえんえんしゃべる。そんなことを聞いているだけでムダだ。誰でも戦う条件は同じなんだから。だって、これこれこういうわけで、僕のシュートは外れましたなんて言うサッカー選手はいないだろう。結果が出ない理由を見つけてくることに情熱を傾けるくらいなら、売り上げを上げることを考えればいいのに、外部環境のせいにする。結果が出ない理由を社内ルールや外部環境のせいにしたって面白くない。スポーツも仕事もルールがあり、みんながそれを守っているから面白い。ルールのない世界では公平な競争なんてできない。

そして、もし本当に社内ルールがおかしいと思うのであれば、まずは他人が文句を言えないくらいの結果を残すこと。結果を残して出世して、ルールを見直す立場になることだ。僕だって若い頃は社内の慣習やルールがおかしいと思った。たとえば、フレックスタイム。フレックスタイムを作ると、みんな出社が遅くなる。お客さんが朝の9時に電話をしてきても、電話に出る人間はいつも同じなんていうのはおかしい。フレックスタイムにすると、楽な方に流れてしまう。これは僕が社長になってからすぐにルールを変えた。フレックスタイムではなく、朝型出勤にした。話はズレたけれど、社内ルールは守ること。仕事の結果が出ないのを外部環境や他人のせいにはしない」

難しい言葉でしゃべらない、難解な文章は書かない

岡藤が社長になったのは2010年。真っ先にやったことは役員会の開催回数を減らし、時間を短くし、さらに分厚い会議資料を少なくしたことだ。役員会議の開催数、会議時間、会議資料は従来よりも、それぞれ約3割、約4割、約5割も減った。そして、単純計算で役員ひとり当たり、年間約35時間、会議の時間が少なくなっている。

そして、減らした時間を「稼ぐために営業現場へ行く」ことに使った。営業にかける時間を増やしたのだから、当然、結果は出る。加えて、会議の事務当局の負担が激減した。会議の下準備、資料の作成に時間をかけていた社員たちの仕事も減った。会議にかかわる人間は、減った時間を他の仕事に回すことができた。

さらに、会議の進行を早くするため岡藤は、資料の文章はわかりやすく簡単にするべしと指示した。「難しい文章にすると人は読まない」からだ。

「どれほどいいことが書いてあっても、文章は読んでもらってなんぼのもの。会議の資料でも幹部からのメッセージでも、難しい文章である必要はない。難しくてさらに分厚い資料は作っても、読む時間がない。僕は社内の資料、メッセージは読んでもらうためのものだからとスタッフに伝えている。

最低限、人に届くことだけを書け、と。難しい文章、必要もない図表を付けるのはプロダクトアウトの考え方や。商人はマーケットインでなくてはいかん。文章も資料もマーケットインで書くこと。

営業マンのしゃべり方も同じこと。アメリカの経営論を講義したって取引先は聞かない。難しい言葉でしゃべっちゃいけない。特に伊藤忠は取引先に中小企業が多い。たたき上げの人たちが相手や。一流の大学を出たうちの人間が難しい話ばかりしたら、相手は構えて、こちらの言うことを耳に入れなくなる。取引先の人たちに対して、偉そうに、難しい言葉を使ってしゃべったらあかんわ。

会議の資料でも必ず海外からのレポートを書くのがいるけれど、日経新聞に書いてあるような分析を長々と書くのは意味がない。会議は分析を討議する場ではない。会社として何をやるのか、やらないのかを決めるのだから、背景説明に力を入れることはない。会議の出席者が欲しがる資料とは短い分析や。僕なんかがメモして、どこかでしゃべれるような、そういう資料を作ってほしい」

「何か新しいことをやれ」とは言わない

岡藤は「客を見ろ。客が欲しがっているものを探せ」とは言う。だが、決して「何か新しいことをやれ」とは言わない。新しいことをやれと言われて、革新的な商品ができたためしはないからだ。「新しいことをやれ、新しいものを探せ」と言われたら、部下は流行しているものを探してきて、流行している言葉で粉飾する。

「新しいAIを使った新しい発注システムです。このAIがアメリカでは最先端です」

そう言って優秀なメンバーを集めて、開発を始めて1年が過ぎたとする。できあがったものは、何百社もの会社が先行して開発したものと大差ないどころか古くさいものになっていることは間違いない。よってたかって開発した「新しいもの」が他の商品と差別化されるはずがない。

商人であろうとするならば、客が「潜在的に」欲しいと思っているけれど、まだ形になっていないものを商品化することだ。それが本当の「新しい商品」だ。

しかし、客に「何か欲しいものはありますか?」と聞いても答えは出てこない。返ってくる答えはせいぜい、流行している商品やサービス、もしくは趣味的な商品やサービスだろう。客といっても人間だ。未来のマーケットを予想できるはずがない。

みんなが欲しがっているものを探すのではなく、みんなが困っていることを聞く。そうして、困っていることを解決して商品やサービスにする。

「夜中や休日に店が開いていない。困った」

それでコンビニができた。

「タクシーがつかまらない。この辺には走っていない」

それでライドシェアができた。

「ホテルは高い。もっと安くて広い部屋に泊まりたい」

そんな困りごとを耳にした人が民泊を始めた。

自動車は移動の不便を解決した商品だし、ユニクロは安かろう悪かろうという服の困りごとを解決した。儲かっている会社が出している商品は、困りごとを解決した結果なのだ。

客が「潜在的に」欲しいと思っている商品を探そうと思ったら、まず自分自身に困っていることはないかと問いかけることだ。それで、これを解決したらいいんじゃないかと考えると良い。

過度な謙虚は美徳にならない

スイスの国際経営開発研究所（ＩＭＤ）は毎年、世界競争力ランキングを発表している。２０２３年、日本の順位は35位で、過去最低だった。１９９０年代初頭までは日本の競争力は世界1位だったが、その後ずっとランクを下げている。

一部の日本企業は業績を上げているけれど、国全体の競争力は低いままだ。岡藤は「謙虚は美徳である」と思い込み、主張しないことをよしとする日本人が多いので、こうしたランクになってしまったのではないかと考えている。

「僕は世界競争力ランキングを別の視点から見ている。この調査は政府や国際機関が公表する客観的な統計データによる評価、企業経営者へのアンケート評価を組み合わせたものです。たとえば、国内総生産（ＧＤＰ）などの統計データの評価では日本は16位だが、経営者の主観で答えるアンケートでは自国、日本に対する評価が低い。それで合算すると35位になってしまう。

経営者もそうだが、日本人は一般に謙虚で、自己評価を厳しくする傾向にある。それほど危機でもないのに、自信を失っている。世界の国を見てごらんなさい。日本人のように謙虚に自己評価する国なんてないですよ。ほとんどの国の人たちは自己肯定的に発信している。日本人も遠慮せずに堂々と自己主張しないといけない。

過度に謙虚な姿勢は弱腰と見られてしまうだけや。謙虚な姿勢を通すと『あいつは自信がないんやな』と判断されるだけ。そうすると国際競争では不利になるでしょう。謙虚さを発揮しようと思ったら大谷（翔平）選手のように圧倒的に強くなることや。強さに裏打ちされた謙虚さでないと、弱いやつだと見下される。

思うに日本は長い間、鎖国していたでしょう。海があって攻められるリスクが少なかったから、自分を大きく見せる必要がなかった。一方、中国や韓国は攻められた歴史があるから、外に対しては常に強い姿勢で臨むしかなかったんやな。だから、彼らの交渉には迫力が感じられる。ビジネスの交渉現場でも威圧感は大事だ。日本人はもう上辺の謙虚さを捨てなくちゃいけない」

岡藤は単に強気になれ、自らを大きく見せよと発破をかけているわけではない。卑下するな、弱腰になるなと言っている。そして謙虚さ、律義さは完璧をめざしているからこそ表れるものだと考えている。

何に対しても完璧を望むことは悪いことではない。だが、その気持ちはソフト技術の充実と革新に向けるべきだと考え、実行に移している。現に伊藤忠はグループをあげてソフト技術の革新と川下部門へのビジネスの展開を始めている。

「僕は謙虚さや律義さは製造業の納期を守る心から来ていると考えている。それがあったからお客さんから信頼されてきたわけや。ただ、今は納期を守るだけでは勝てない。かつては世界が驚く日本製品がいくつもあった。だが、世界を席巻したソニーの『ウォークマン』のような商品は近頃、見当たらないでしょう。それは技術が衰えているのではなく、優秀な頭脳とお金を川上と川中に集中し過ぎているからじゃないのかな。

部品と素材はいいものがある。完成品で売れているものは少ない。日本の優秀な部品、素材を最終製品に仕上げるのはアメリカ、中国、韓国企業になってしまった。これは悲しい。ヨーロッパの高級ホテルに泊まってみてください。かつては部屋にあるテレビはソニーやパナソニックと決まっていた。だが、今ではサムスンかＬＧだ。海外に行って日本の最終製品を見かけないと、なんだか負けたような気持ちになる。

モノづくり大国と言われて久しいけれど、感覚がずれている。もっと完成品にも投資していくべきだ。だって素材、部品は使われなくなったら悲惨だ。iPhoneの画面だって液晶から有機ELに代わってしまい、日本企業は納入できなくなった。これ、ちゃんと対策を考えて実行しないといけない」

社員のやる気を引き出したいなら給料を上げよ

日本、日本企業を成長させるのに必要なのはなんといっても人材だ。商人経営者の岡藤は「優秀な人材を海外企業に奪われないようにする」ことが重要と言っている。「先ず隗より始めよ」で伊藤忠は賃金を上げてきた。

彼は社長に就任してすぐに報酬体系を見直している。「ひとりひとりの社員を元気にする」ため、それまで「組織」「個人」「全社」の業績に連動する形で決めていた報酬体系から、「組織業績」の要素を取り去った。理由は次のようなものだ。

当時の報酬体系ではたとえ新入社員であっても、業績好調な組織に入ることさえできれば、高い報酬を得ることができた。しかし、それはフェアとは言えない。なんといっても業績の基盤を確立したのは新入社員ではなく、組織の先輩たちなのだから。たまたま好業績の部門に配属されたから高い報酬が手に入るのでは、全社員の士気を高めることにつながらない。

　確かに組織連動型の報酬体系は部門間の競争意識を高めることができる。一方で、部門間の業績に開きが出ると、儲かっている部門とそうでない部門の社員のやる気に差が出てしまう。そして、組織業績を偏重すると強調されていたら、苦戦している部門を志望する社員はいなくなる。そこで岡藤は報酬体系を変えた。

「社内から反対の声もあったのだが、思い切って変えた。その結果、これまで業績があまり上がらなかった部門の人間も頑張り出した」

　社員のやる気を引き出すには労働環境の整備もさることながら、やはり報酬を引き上げることがいちばんなのである。

　2024年の秋にも岡藤は社員の報酬を引き上げる決断をした。

「僕は三井物産、三菱商事の財閥系商社と遜色ない給料を払うのが重要と思ってきた。だから、財閥系商社に負けないように配慮してきた。少し前までは伊藤忠がトップだったが、三菱、三井が給料を上げたので三番手になってしまった。

人事が何とかしてくれと言ってきた。『伊藤忠は就職の人気ランキングでトップを続けている。学生は総合商社の平均年収の額を見ています。何とかしてください、会長。給料を上げたいです』と。人事は学生たちが三菱、三井に流れてしまい、伊藤忠には来なくなるというんや。人事には最初、『本来は平均年収を上げなくとも優秀な人間を採用するのが人事の仕事と違うんか』と正論で返したけど、正論だけでは解決できないなとは僕もわかっていた」

では、三菱、三井、伊藤忠の2024年3月期の給与水準はどういった状況か。業界トップ3社はいずれも業績連動報酬を採用しているため、業績によって給与水準は変わるのが前提だ。有価証券報告書の平均年間給与を見ると、2022年3月期には伊藤忠がトップだった。しかし、24年3月期は伊藤忠が約1753万円で、三菱商事は約2090万円、三井物産は約1899万円である。伊藤忠の人事部が危機感を覚えたのも仕方のないことだろう。

そこで、岡藤は給与を上げることを決めたが、単に三井、三菱よりも多額の給与を出すと決めたのではなかった。社員のモチベーションを上げるために、3つのポイントを付け加えた。

①自社株式を通じた株式報酬の拡大を図る
②固定給の引き上げを行う
③力を発揮する社員には変動給にてより一段と報い、業界トップの報酬を支給する

この報酬改訂を実施した後、伊藤忠が2024年度計画の連結純利益8800億円を達成したとすると、社員の平均年収は前年比で10%上昇する。個人の成績次第だが、部長級で最高4110万円、課長級では最高3620万円、担当者では最高2500万円という「日本経済界でも突出した高給」となる。

これだけではない。岡藤が重視したのは現金給与だけでなく、株式を組み合わせた方式の採用だ。

「現金だけでは資産形成につながらないでしょう。人事と相談しながら、社員のモチベーションアップになり、さらに資産形成に役に立つ報酬の渡し方を自分なりに考えていたんです。現役社員にも当社を志望する学生にも喜んでもらえるような形にしないといかん。そこで、お金を渡すだけではなく伊藤忠の株を持ってもらうようにしました。それはうちの株を長年、持っている社員が幸せになっている実例があるから。

少し前のこと、繊維部門にいた女性が『定年になりました』とあいさつに来た。その

女性は若い頃からコツコツと自分の金で買った伊藤忠の株を10万株持っていて、それだけで8億円近くになりましたと言ってきた。配当が年に2000万円もある、とほんとに喜んでいた。

『岡藤さん、一生、幸せに生活していくことができます。ありがとうございました』

そう言って退職していきました。経営者にとってこれほど嬉しいことはない。こういう実例があるのだから、現金だけでなく株も渡すと決めました。株価は経営者にとっては成績表や。経営して株価を上げていこうというモチベーションにもなる。社員に株を持たせて、それで株価が下落したら、経営者失格だ。つまり、株を渡すには経営者にも覚悟がいる。

それと、もし、現金だけの報酬をひとりの社員につきたとえば2000万にしたとしましょう。もし、夫婦ともに当社で働いていたら年収が4000万になる。そうなるともう、ハングリー精神で頑張ろうという気力は出てこないんじゃないかな。

『正月か。じゃ、ハワイでゆっくりするか』となるに決まってる。休みを取ったり、ハワイへ行くのがいけないわけじゃない。共働きで4000万ももらったら、それ以上のことは考えなくなるのが人情と言うもの。お金はあれば使ってしまう。だから、現金だけではなく、一部を株に換算して渡すことにしました」

岡藤はこの報酬体系を自ら、ああでもない、こうでもないと考えた。人事と打ち合わせして、何度もやり直して、現金と株の割合まで決めた。なんとも忙しく働くＣＥＯである。彼自身の報酬は億を超えている。だが、それでもハングリー精神と経営へのモチベーションは失っていない。

残業を追放

岡藤は伊藤忠から残業を追放した。それは、つねづね「残業が多い人間で仕事ができるやつはいない」との持論を持っているからだ。

「今、日本企業はフレックスタイムが主流になっている。そうすると早く来るのもいれば遅く来る社員もいる。同じ社員が早く来る時もあれば遅く来る時もある。来る時間がバラバラでは仕事のリズムが崩れる。かつてはうちの会社でも午前10時に出社した人が新聞を読みコーヒーを飲んで10時半になり、ちょっと仕事をしたかと思うと、すぐに昼ご飯に行った。そういう社員に限ってだが、午後8時まで残業していた。

僕は今でも午前5時半に出社し、昼も食堂に行かず自室でファミリーマートのおにぎりを15分で食べる。午後3時にはいったん自宅に帰る。午後5時から会食に向かい、午後8時には帰宅する。それが効率が良い。そして、うちの会社は今、朝型になっているんだ」

岡藤はつねに自分に対して、問いかけを続けている。

「相手が何を考えているか、客が望んでいることは何か。人間の幸せとは何か」

人に答えを聞きたいわけではない。自分自身で答えを出そうというわけでもない。自分に対して問いを続けることが自分を成長させると信じている。

その根本にあるのが鋭い感受性だ。マスコミのインタビューでも、読者のことを頭においで、読者がわかるような言葉だけを使う。岡藤はインタビューでは専門用語を使わないし、流行の経営理論について触れることはない。「シンギュラリティ」だの「ボラティリティ」だのと役員会でしゃべることはあっても、一般読者が読むメディアの取材ではそうした言葉を使うことはない。それは記者に対して話すのではなくその先の読者を見据えているからだ。トヨタの豊田章男、ユニクロの柳井正、ソフトバンクの孫正義など、世間への発信力の高い経営者と同じように読者を見ている。

『プロフェッショナルマネジャー』の著者、ハロルド・ジェニーンが言うように「経営はアートだ。科学ではない」。だから、経営者に必要なのは科学知識や専門性ではなく、むしろ人間そのものを理解する感受性だ。

取引先への過度な優しさは自分の会社を潰す

岡藤は部下を叱ったことがある。その部下は、契約交渉を「条件のすり合わせ」と考えていたのだ。

「一緒に仕事をして、ある契約をする時のことだった。最初から相手の条件を飲もうとしていたんだ。いったいこんなやり方、どこで覚えてきたのかと心配になった。こんなことしていたら会社は簡単に潰れるで、と思った。彼は仕事はできる。人柄はいいし、友人知人も多い。社外の人脈も広い。ところが、契約の交渉では弱い。優しいんだな。相手との関係を大切にしようとばかり考える。優しい。優しすぎる。

交渉の時に、相手が言うことを飲むか飲まないかを考えて勝手に悩んどる。そんなことで悩むことはない。

契約交渉とは条件のすり合わせではない。うちの契約書の内容は相手も損をしないようにちゃんと考えてあるものだ。フェアな契約書を作って、それをそのまま通せばいい。

相手の条件に合わせようという態度で交渉すると、相手から舐められる。相手のこともちゃんと考えて契約書作って、一緒に仕事をしようというのだから、契約書通りでいい。譲ってあげることが相手に対しての好意ではないし、相手に嫌われたくないと思っちゃいかん」

契約を結んだ後でも、リスクを感じたら撤退する

岡藤はブランドの仕事が長かった。海外ブランドとの契約でうまくいったこともあれば、そうではなかったこともある。また、契約しても履行しない相手がいた。履行しないのに、「ちゃんと契約を守った」と言い張る相手もいた。契約と交渉については百戦錬磨の岡藤だが、ある相手との交渉で「この人の方が上だ」と感じたことがあった。

「かつてディーンアンドデルーカの仕事をやった時、最初は雑貨を扱うソニープラザ（現プラザ）と提携して店舗を作ろうと思ったわけです。ソニープラザの経営者は『やりましょう』と言って、契約書にサインをした。社長がOKと言った案件ですわ。ところが、しばらくして、『ソニーの本社が本契約に瑕疵があると言っている』と。ソニープラザはソニーの子会社だからね。

ソニー本社の法務担当をやっていた女性弁護士と会ったら、彼女は『契約通りにやりましょう』と。彼女は決して自分から『契約を破棄したい』とは言わない。サインは済んでいるから、自分から言い出したら補償しなければならない。だが、契約をすすめたくないわけだ。子会社のソニープラザは雑貨専業だからディーンアンドデルーカが扱う食品に対する管理ノウハウは持っていない。そこのところにリスクを感じたのでしょう。雑貨の管理と食品の管理はまったく違うものだから。

そこで、ソニー本社の女性弁護士が取った作戦は『伊藤忠とディーンアンドデルーカとのオリジナル契約を見せろ』というもの。こちらにとっては難題です。ディーンアンドデルーカとは守秘義務があるから、オリジナル契約は見せるわけにはいかない。だが、契約内容を知らせなければソニープラザには出店できない。僕らにはとてもできないことだった。結局、僕らの側からやめたんです。

『これは大したものや』と思った。契約を結んだとしても、リスクを感じたら撤退する。その場合、補償しなくていいように契約の条項を精査する。いい勉強になりました。さすが世界のソニー。海外の企業との契約に慣れていると感じた。うちは他のチームと組んで、成功したから結果的にはよかったけれど、あの時の女性弁護士は凄腕だった。敵ながらあっぱれというか、ああいうところを僕ら商人は見習わないといかん」

悪いニュースを隠してはいけない

岡藤がブランドマーケティング部を設立し、ディーンアンドデルーカの1号店を丸の内に出店した時のこと。出したはいいが、その店が食中毒を出してしまった。伊藤忠としては発表して謝罪しなければいけないと思ったが、ディーンアンドデルーカの経営を担っていてマジョリティの株を持っていた株主が「食中毒の件は伏せなくてはならない」と公表を拒んだ。だが、結局、マスコミに漏れてしまい、叩かれてしまった。また、社内でも「飲食ビジネスには素人の繊維カンパニーがやるからこういうことになる」と中傷を受けた。

その頃、岡藤が友人から聞いた話がある。

イタリアのある有名レストランが日本に進出して食中毒を出した。そうしたら、そのレストランはすぐに多くの顧客、食中毒とは無縁だった著名人にまで詫び状を送付した。同時にマスコミにも公表。潔い行動に対して、好意をもたれ、「正直な対応をする店だ」と評価が上がった。その時のことを思い出して岡藤は言う。

「企業は悪いニュースを伏せてはいけない。企業はいいニュースばかりを報道してもらおうと考えるものだ。しかし、ＳＮＳが発達している現在、悪いニュースを伏せておくなんてことはできない。あの時、友人から『岡藤さん、伏せておけばマスコミは忘れるなんてことはないよ』と言われた。

結局はそういうことなんだ。隠してはいけない。丁寧に謝る。マスコミにもちゃんと話す。悪いニュースを隠したら余計にダメージが大きくなる。これからは、もう絶対に隠したらあかん。そういう時代になっている」

組織はあっという間に弱くなる

伊藤忠は１９７３年のオイルショックから90年代末までのおよそ20年間、業績が良くなかった。つぶれてもおかしくないような状態にまで陥ったのだった。

高度成長で業績を伸ばし、日本有数の総合商社になった。だが、組織はあっという間に弱くなる。伊藤忠はその典型だった。

その後、会社を建て直したのが丹羽宇一郎（社長時代　１９９８～２００４）、小林栄三（同　２００４～２０１０）、岡藤正広（社長・ＣＥＯ時代　２０１０～）の３代の社長だ。しかし、長い時間がかかった。

伊藤忠が苦しくなった理由はいくつかあった。ひとつは同業の総合商社だった安宅産業の破綻（1977年）。それを引き受けたため、人員が膨れ上がった。売り上げは伸びないのに安宅産業の人員を抱え込んだため、伊藤忠は大学卒新入社員を採用する余裕がなくなった。1976年からの4年間で、通常の採用の1年分の人数しかとっていない。1974年の入社だった岡藤が4年もの間、新人がやるべき受け渡しの仕事をしていたのは、後輩が繊維部門に入ってこなかったからである。

もうひとつ、石油ビジネスの川中部門に属する石油精製会社、東亜石油の問題があった。伊藤忠は川上部門の油田開発、川下部門のガソリンスタンドチェーン経営を手がけていた。そこで、川中部門に進出しようと、石油精製会社の東亜石油を傘下に収めたのである。だが、1973年にオイルショックが発生し、日本は激しいインフレになった。インフレ抑制の策として日銀は公定歩合を9％まで引き上げた。金融引き締めの結果、景気は後退し、不況に陥った。不況は伊藤忠の石油ビジネスを直撃したのだった。

石油精製会社の東亜石油は原料の石油が暴騰したこと、さらにタンカーの傭船契約の失敗が重なり、赤字が膨らむ。結局、2か所の製油所を売却することになった。

その後、1986年からはバブル経済となり、業績は良くなったが、バブル崩壊後には多くの不良債権が残った。

バブル以降の不良債権を一気に処理したのが、岡藤の2代前の社長である丹羽宇一郎だった。丹羽は当時、「20世紀に起きたことは20世紀のうちに片付ける」と語り、こう思い返している。

「業界最大規模の不良資産（筆者注　約3000億円（2000年3月期））を一括処理した際のV字回復のときもそうでした。

一括処理して株価が下がり続ければ、会社は潰れるかもしれません。そうなれば、グループ何万人という社員とその家族が路頭に迷うことになります。口がパサパサに乾き、食べものがのどを通らない気がしました」（『生き方の哲学』丹羽宇一郎　朝日新書）

丹羽は同時にリストラを断行した。成長性が見込めない部門や赤字の関係会社の整理もした。負債を整理し、リストラを行い、営業を進めた結果、やっと業績は回復した。不良資産の処理をした翌年度の2001年3月期決算では705億円の黒字を計上できたのである。

次の社長、小林栄三はITビジネスのプロとして会社を引っ張り、伊藤忠テクノサイエンス（現伊藤忠テクノソリューションズ）を成長させるなどの業績を上げ、岡藤にバトンをつないだ。

小林は冷静な男だが、仕事と社員に人一倍の愛情を持って接した。

「愛情は大切です。僕はいつも愛情の反対語は無関心だと言っています。無関心こそがコミュニケーションの最大の敵です。いかなるときも関心をもって人に接していくことが大事です」

伊藤忠が三菱商事などの財閥系商社と互角の闘いができているのは丹羽、小林のふたりが不良債権処理と成長への基礎固めを行ったからだ。

そういう意味では岡藤は運が強い。運の強さもまた、経営者に必要な資質だろう。

相場は商人がやらなくてもいいこと

繊維ビジネスではかつて、羊毛の相場を読んで投資するビジネスをやっていた。だが、不良債権処理の時代に相場の売り買いをやめている。

岡藤はこう言う。

「相場とは勝ったり負けたりの世界です。どんな天才でも何勝かしたら何敗かする。いくら読みが深い人間でも負ける時は負ける。

伊藤忠はもう相場のビジネスはやっていません。いちばん最後までやっていたのが羊毛の相場や。羊毛担当はオーストラリアの羊毛学校に何年か行って勉強していた。一流の専門家です。しかも、ある時期まで羊毛の取扱高が世界一だった。相場をやるだけのパワーがあった。

だが、よく調べてみたら、羊毛のビジネス10年のうち、3年は儲かったけれど、7年は赤字だった。羊毛はうちがオーストラリアから輸入して、中国に売っていた。ところが、中国は相場で値が下がると平気でオーストラリアから直接買う。すると、伊藤忠は高い時に買った羊毛をそのまま持つことになってしまう。まるまる損するわけだけれど、一度、組織を作ってビジネスを始めてしまうとなかなか止まらない。しかも羊毛部は一時は世界一の取扱量を誇った歴史のある部門や。なかなかやめられなかったわけだ。売り上げで他の商社と競っていた時代の発想だと、利益が出なくとも、どんどん売り上げを作れとなってしまう。組織の怖いところはそういうところだ。

僕は伊藤忠が間違いをしないとは少しも思ってない。業績が悪かった時の記憶が残っているから、今も慎重にやっている。なんでもかんでもいちばん前に出ていって、業界をリードしていこうとは思ってない」

最初から頂点を目指すな

岡藤は伊藤忠が苦しかった時代を知っている。失敗して、そこから回復するのに20年もの時間がかかったことを身をもって体験している。その間、給料は上がらず、伊藤忠は「万年4位」「準一流」と呼ばれた。経営者が社員の給料を上げたくても上げられなかったのである。だから、彼は歴代の社長に感謝している。

では、失敗を乗り越えるにはどういった戦略を持てばいいのか。

「それはもう簡単。まずは手の届く目標を掲げて、着実に達成していく。それが成長への確実な方法。登山だって、最初から頂点を目指していたら、途中で挫折してしまうかも分からん。それよりも、目の前の一歩に集中すべき。長期目標よりも目の前の課題を解決することや。

伊藤忠はあの苦しかった時代でも毎年、『経営ビジョン』というのを作っていた。分厚いページのビジョンだ。そこには10年後、20年後の伊藤忠の目標が書いてあったけれど、そんなこと誰もわからんし、達成したかしないかの検証もできない。誰も責任を取れない。だから、経営ビジョンというのはお題目であって、商人の言葉ではない。僕は好きじゃない。

どこの商社も昔から、5年後、10年後のビジョンみたいなのを掲げてきた。でも、どこも当たったことはない。ビジョンを掲げる時はみんな一生懸命考える。その通り経営したら、どこも儲かってるはずや。だが、先の見通しが立つ時代ではないでしょう」

岡藤が社長に就任したのは２０１０年。翌年は東日本大震災だ。日本中の会社経営者が「先のことはわからない」と実感した。

その後も時代の変化は激しい。想像もできなかったことの連続だ。円高の時代があった。コロナ禍になった。ロシアがウクライナに侵攻した。イスラエルがガザにいるハマスの掃討作戦に乗り出し、レバノンのヒズボラを攻撃するようになったし、シリアの体制が変わった。「20年に一度の大雨」が毎年、起こるようになった。どれも予想などできなかったことばかりだ。5年先どころか1年先のことでさえ、何が起こるかわからないのが現実の世界だ。

「今は1年先の見通しだって立たない。ただ、商人は長期的な視点を持っていなくてはならない。将来のビジョンをしっかり固めて、そこから現在の経営に落とし込む考え方の重要性も分かる。けれど、僕はやっぱり、実現できる目標を掲げて、それをコツコツ達成していく方が肌に合っている。その積み重ねの結果が、頂点につながっていく、というのが商人の仕事だ。

まあ、商人というより職人の考え方かもしれない。自分自身の体験で言えば、商売は努力を続けているると、ある時、それが急に伸びることがある。紳士服地にブランドを導入したのも、こつこつと紳士服の展示会を回っていたからこそ見つけたことだった。会社のなかでデスクに座っていたら、考えつくことじゃなかった。野球でいえば、ヒットで塁を埋めた後に、ホームランで大量得点するようなものだった。だから、最初は結果が出なくても、焦らず、じっくり仕事に向き合ったらいい。それが商人のやり方です」

第4章　働き方の言葉

自分の今の仕事を疑う

日本最強の会社トヨタは、カイゼンを繰り返す。何かひとつでも昨日とは違うことを採り入れようとしている。昨日までやっていたことと同じことをやっていたら、進歩はないと考えている。トヨタの強さはここにある。社員は仕事に付加価値をつけることを意識しながら働いている。それを全員が徹底している。

そして伊藤忠もまた、昨日までやっていたことを疑う会社だ。

村の祭り酒

ブランドものを扱う商社マンと言えば、おしゃれなスーツを着こなして、パリやミラノでワインを飲みながら商談しているように思えるかもしれない。しかし、ブランドの仕事を創始した岡藤は、出張費の心配をしながらラシャ屋を回り、頭を下げ、紳士服地の反物を売ってきた。伊藤忠の創業者、伊藤忠兵衛が幕末から明治にかけてやってきた商売そのままを踏襲して、あっちで1円、こっちで2円と小銭を貯めて会社の業容を拡大してきた。ラシャ屋に納める反物の数を増やすこと、客に少しでも買ってもらえるように工夫したことの延長が、ブランド物の商売だった。

「受け渡し」の時代が長かった岡藤は、事務作業にも通暁していたし、ひとつひとつをきちんとこなした。手を抜くことをしなかったのである。

「大きな会社にいると手を抜きたくなる。だがそれをしては絶対にいけない。自分ひとりが手を抜いたってなんとかなるという気の緩みから、組織は簡単に弱体化する。

ある人から聞いた例え話がある。『村の祭り酒』という。貧しい村がお祭りをする。村で酒を買う余裕がないから、村人が茶碗に1杯ずつ酒を持ち寄ることになった。

祭りの当日、みんなが持ち寄ったものを飲んでみたら、水の味がする。ぜんぶ水だった。つまり、『自分ひとりくらい、酒でなく水を持って行っても分からないだろう』と全員、水を持って行ったから、誰ひとり酒を飲むことができなかった。

会社も同じだ。自分ひとりくらい手を抜いたってわかるはずがないと思っていると、村の祭り酒みたいに誰も酒を飲めなくなる。所帯が大きくなればなるほど、その傾向は強い。つねに緊張感を持って全力で臨まないと、あっという間に組織は衰弱する」

岡藤はアメリカの経営理論よりも、こういった土着性を感じる例え話をするのを好む。

商売では「負け方」が大事

「商売は連戦連勝というわけにはいかない」

当たり前だ。どれほど商才がある人でも売れなかった商品はある。負けることは仕方ないが、負け方というものがあると岡藤は考えている。

「商売はプロ野球の試合と似たところがある。一戦一戦が真剣勝負。試合の勝敗の積み重ねが、ペナントレースの結果につながってくる。商売では期末の決算がそれに当たる。プロ野球の球団が優勝をめざすのと同じで、僕ら商人は予算達成を最優先にして仕事をする。

期初に立てた目標を達成することができれば勝ち。目標に届かなければ負け。これははっきりしている。毎回、予算達成して売り上げと利益を伸ばすことができたらそれはいいけれど、現実はなかなか難しい。

商売上の失敗は数え切れないですよ。土壇場で契約を取り消されたり、ライバル企業に仕事を持っていかれたり。とりかかる前はできると思って計画したのに、うまくいかずに悔しい思いをしたことも何度もあります。ただ、黙ってこてんぱんに負けてはいけない。1点も取らずに負けてはいけない。そこがプロ野球とはちょっと違う。商売では負け方が非常に重要なんです」

ゼロ封で負けるのはダメということだ。大差がついていても、少しでも食い下がって点を取る努力をしないと負け癖がついてしまうからだろう。

岡藤がよく例に出すプロ野球では、1対ゼロでも10対ゼロでも負けはひとつ。選手、監督、コーチは落胆はするが、翌日の試合で勝てばいいと気持ちを切り替えるだろう。だが、「商売ではそういうわけにはいかない」と岡藤は言っている。

「大差で負けると社員の士気に影響する。他の仕事にも影響がないとは言えない。『あそこの会社は入札で出した金額が一けた違っていた』といった風評が流れたら、次の入札が回ってこないことだってある。つまり、商売は『何点差で負けたのか』が大きく影響してくる。負けると分かっても、10対ゼロで負けてはいけない。最後まで失点を少なくする努力をし続けなくてはいかん。

たとえば、投資をして大きな損をしたとする。損の金額が1億円なのか100億円なのかで全然違う。100億円の損失を商いで取り返そうと思ったら大変だ。取り戻すのにえらい苦労する。だから、絶対に大きな額を負けてはいけない。

それと、気持ちがなえるというか、大きく負けると心が沈む。そのまま次の仕事をしなきゃいかん。これが怖い。また失敗する可能性が高まる。

小さな負けなら、ぐっと踏みとどまることができる。だから、負けている最中でも、損を極力抑えることに頭を使う。これが大事。商売は連関しながら、延々と続いていくもの。ひとつの負けが他に影響することを考えて知恵を絞るべきだ」

負けを極小化するための「か・け・ふ」

「負けを極小化する秘訣は日頃の商売の姿勢にある。商売の心得は『か・け・ふ』。稼ぐ、削る、防ぐだ。稼ぐは儲けてくること。削るは、無駄なコストを減らすこと。そして、防ぐは特別損失がないように危機管理すること。

このなかで、もっとも難しいのは防ぐこと。稼ぐと削るはやってみれば結果は出てくるけれど、防ぐとは見えないリスクをどうやって見つけて、対処するかです。商社ならば、投資先や取引先が『危ないんじゃないか』となる前に手を打っておく。すると、たとえつぶれても負けを小さくすることが可能になる。

防ぐためには現場へ行くことでしょう。取引相手と一度、商売したら、関係を終わらせずに定期的に出向く。相手がどういう状況にあるのか自分自身で確認する。定期的に訪問して、投資先、取引先の顔を見ていたら、『大丈夫かな』と勘が働く。変化や問題点を早く発見できる。防ぐとは早期発見、早期対処なんです。きめ細かくつきあうことが重要。商売に近道はありません。手間と時間を惜しむから、『あっ、知らないうちにこんなことになっていたのか』となってしまう。

ただ、うちも大きなことは言えない。伊藤忠もメンテナンスをしなかったために失敗した例がいくつもある。投資した海外の事業会社とのコミュニケーションがおろそかになったために損を膨らませたこととか。それはもう、投資先をほったらかしにしていたことが原因です。伊藤忠側の責任者が日本にいて、投資先の報告を受け取っていただけだった。現地の担当者が『大丈夫』と言っていたために、まかせっきりにしてしまった。そうしているうちに海外の事業会社の業容はどんどん悪くなっていき、損切りの機会を逸してしまった。

後で聞いてみたら、現地にいた社員は事業が悪化していることに気づいていた。それなら現地の社員はもっと上にアピールすべきだし、上の立場の責任者は一度、現地へ行くべきだった。結局、手間を惜しんだんです。手間を惜しむと負けを極小化することができなくなる。本当の商人を自負したいのであれば、報告だけで判断せず、現場に足を運んで、自分の目と耳で確かめる」

最上の守りは変身しながら攻めること

彼はさらにひとつ、負けを極小化するためにやるべきことがあるという。

「守る、防ぐための策は攻めることです。攻めて、稼いで、貯金を作る。そうして、多少の負けにも耐えられる体力をつけておく。伊藤忠の繊維事業はそういう歴史をたどってきたわけです。負けたけれど、負けているうちに攻めることを考えた。

もともと、伊藤忠の繊維事業は羊毛のような原料を輸入する川上分野、繊維製品を輸出する川中分野が強かった。ライバル商社に比べても、圧倒的に強い基盤を持っていた。羊毛なんか世界一の売り上げだった。ところが、この両分野の商売が、時代が進んでだんだんおかしくなってきた。

羊毛の輸入のような川上分野では中国などの大口の顧客が買い手として入ってきたために価格競争に陥った。もう、伊藤忠が入っていく余地がなくなった。一方、川中分野は仲介していた繊維メーカーが自分で海外に販路を作っていくようになった。商社の機能をメーカーが自分で行うようになった。収益基盤が変わってきたわけです。

普通であれば不採算事業はやめるしかないが、新しい収益の稼ぎの柱がないのに撤退したら、損失が増えるだけ。どうしたかと言えばブランドビジネスで打開した。紳士服地にブランドを導入したことで川下分野のビジネスが伸びた。新しい稼ぎの柱ができたから、儲けたお金で川上と川中分野の不採算事業から撤退できた。そして、事業を入れ替えながら資産効率を上げていった。負けを極小化できたのは日頃から体力をつけていたからです。繊維の場合はたまたまだったけれど、絶えず次の収益の柱を探して育てる意識が必要。

儲かっていないと本来の守りはできない。攻撃のいいところは、川上、川中の不採算を川下分野で補えたように、どこでも攻めることができることです。一方、守りは今、現実に戦っているところしか守れない。しかし、環境がよくないといいアイデアも出てこない。やはり、攻めは最大の防御です。実践するのは決してたやすいことではないですが」

できる人間には難しい課題をやらせる

岡藤は社長に就任してからさまざまな改革を行った。そのうち、社員を成長させるための鉄則を持っているのが仕事の割り振りである。誰をどの部門に配属し、さらにどういった仕事を与えるのか。ひとりひとりの配置を決めるのは人事の仕事だが、岡藤は鉄則を伝えて、その結果を細かく見て指導している。

「人事における鉄則は、できる人間には難しい課題を与えて、平均点に届かない実績の人間には実現できそうな課題にすること。人間は目標を自己申告させると、できる人間は絶対にできることしか言ってこない。上司たるものはそこを見て、もう少し難しい問題を与える。そうでないと仕事で手を抜いてしまう。そのうちに難しい問題に挑戦しなくなる。人間が成長するためには少し上の目標を設定すること。そうすれば全身全霊をささげて仕事する。

一方、実績が少ない人間には難しいことをやらせるよりも、まず自信をつけてもらわなくてはならない。易しい課題を与えて突破させる。できないことをやらせて叱咤激励するのはハラスメントだ。できることをやらせて、少しずつ目標をあげていくと人間は成長する。

学校でも公立高校にはできる生徒とできない生徒が入ってくる。授業は平均の真ん中の生徒をターゲットにする。できる生徒はあくびをするし、できない生徒はわからないから授業に身が入らない。結局、中途半端になる。

私立の進学校ではひとりひとり成績を見て、それに合わせて勉強をさせる。能力を目いっぱい使わせる指導をしている。僕は会社の仕事の与え方もそうでなくてはいけないと思う。能力が少しずつ伸びていくよう指導する。仕事ができる人間とできない人間が混在しているのが組織というもの。個々の人間に合った仕事をさせないといけない。そうでないと、会社は伸びていかない」

難事は自ら行う

「僕は大切にするべき言葉はメモしている。『商人は水』『慢心したら落ちるのは一瞬』『難事は自ら行う』『大事は細部を指揮せよ』とかね。

難事は自ら行うとは、要するに難しいことは自分が率先してやらなあかんということ。

それから仕事の丸投げはあかんよと。大切なのは細かいことを部下に具体的に指示してやること。そうでないと部下は仕事にとりかかることができない。やり方がわからなければ仕事を完遂できない。仕事を完遂できないのは部下がいけないのではなく、できるように指示しない上司がダメ。

それと、一芸に秀でることは大事。何でもできるよりもまず一芸に秀でること。うちでは人事異動でセクションを変えるけれど、いろんな部署をくるくる変えているわけではない。ある職場で一芸をマスターしてから他のところへ行く。そうでないと何も身につかない。

うちのグループ会社の社長人事を決める時も、その人の一芸は何かをまず見る。その次は慢心しているかいないか。言葉だけでなくちゃんと実践しているか。部下への仕事の与え方はどうなのか。

そういった点を日ごろから見ていて、それで社長人事を決める。だって、そうでしょう。大切な人事を『じゃんけんで決めろ』とは言えない。入社年次とかにもこだわらない。人物本位、仕事本位だ。

僕一人で決めているわけではない。それは思い込みで決めてしまったらいちばん困るのは自分だとわかっているからだ。日頃からよく観察して、さらに経営幹部、人事の意見を聞く。それに加えて、元の上司の意見も聞く。自分だけで決めることは決してない」

名言は実践しなければ意味がない

岡藤は名言というものの本質を理解している。言葉に感じ入るだけではなく、感心した言葉があったら、その言葉通りに瞬時に行動する。

「自分が聞いた言葉、いいなと思った言葉を僕はメモして、すぐに実践してきた。実践しないと何の意味もない。

『商人は水』と聞いて、その通りと思ったから、お客さんが欲しいものは何かと考え抜いた。紳士服地に女性が好きなブランドネームを入れたのも『商人は水』という言葉を実践する意味合いからだ。今、よく使っている『マーケットイン』『お客さんに聞け』という言葉も元は『商人は水』があったから。言葉は聞くだけじゃいけない。メモするだけでもダメ。実践しなければいけない。実践しないと自分の言葉にならない」

イギリスの女性首相、故マーガレット・サッチャーは「考えは言葉となり、言葉は行動となり、行動は習慣となり、習慣は人格となり、人格は運命となる」と言った。諸説あるが、元はヒンドゥー教の教えと言われている。岡藤もまた、この言葉を引く。

「最近の人は、『どう感じるか』を重視しすぎて残念です。感じることよりも考えることが大切なのです。考えは言葉になり、言葉は行動になり、行動は習慣になり、習慣は人格になり、人格は運命となる。考えることが人生を作っていくのです」

信用をなくすのは簡単、取り戻すのは難しい

「人の信用は一度失うと、なかなか取り戻せません。僕には若い時の痛烈な失敗の記憶があるんだ。

入社数年目の頃、イタリアへ行く機会があった。それまで海外へは一度も行ったことがなかったから、上司が『世界を見てこい』と送り出してくれた。そうしたら、イタリア駐在の先輩で実力者だった人が、僕のために現地の取引先の要人と面会するアポイントを入れてくれた。ところが、行き違いもあって、僕はそのことを知らずに、要人をほったらかしにして、あげくに売り場の視察と、女子社員に頼まれていたグッチなどお土産を探しに外出していた。とんでもないことですよ。好意でやってくれた先輩には失礼をしたし、取引先の顔もつぶしてしまった。帰国してから、えらく怒られたのは言うまでもありません。何よりもつらかったのは駐在員の方々の信用、そして取引先の信用を失ったこと。ほんとに信用は大事だ。

もうひとつある。これは僕の失敗やなくて、僕ががっかりしたことや。それは老舗百貨店の電話応対と接客サービスです。

筆耕というのがあるでしょう。のし袋に毛筆で文字と名前を書いてもらうこと。いまや筆耕をやる百貨店が減っているので都心の老舗百貨店へ行きました。書いてもらった後、墨が乾くのに1時間かかると言う。近所を散歩していたのですが、30分も散歩したら、もう行くところがない。じゃあ、あとで取りに行きますわと代表番号に電話したら、長く待たされた挙句に別の売り場に電話を回された。何より、電話をかけてから交換手(オペレーター)が出るまで8分も待った。これはさすがに長い。僕は老舗百貨店のサービスを評価していたから行ったのに……。しかし、百貨店がお客さんを電話口で8分間待たせるのはちょっと違うんじゃないか。

その時に思い出したことがある。同じ老舗百貨店のこと。伊藤忠の新人時代、あるラシャ屋の支店長に聞いた話や。昔、その老舗百貨店にはサービス、接客にうるさい副社長がいた。泣く子も黙る人で、業界の名物男やな。

ある財界人が、その副社長の紹介で、外商で買い物をしたわけです。買い物をしてキャッシュで払った。ところが、しばらくしたら払った売り場から請求書が届いたという。

その人は何気なく副社長に連絡して、『請求書が来とるけれどお金はもう払ってるよ』と告げたわけだ。それを聞いた名物副社長は財界人に平謝りして、その後、かんかんに怒ったらしい。『店の信用問題にかかわる』と担当の部長を荷造りの担当に左遷した。それくらいサービスの質には厳しい百貨店だからと僕は信用したんですが、インターネットの時代になって、電話の取次ぎなんてもう教えないのでしょう。信用をなくすのは簡単。取り戻すのは難しい。

僕が言いたいのは信用、マナーやサービスというのがお客さんにとってどれだけ大事か。一度のミスが原因でお客さんは離れていく。これは大切にしないといけない」

岡藤が言うように信用、マナー、サービスは大事だ。大事ではあるが、失敗することもある。筆耕の問題の場合は8分間、客を電話口で待たせたことがそもそもの失敗だが、その後がよくない。岡藤の元に筆耕したのし袋をすぐさま届けるなりすればよかった。待たせた挙句、何もせずに取りに来させるままにしておいたことが次の失敗だ。

人間は一度の失敗は取り戻すことができる。一度の失敗を取り繕おうとしたり、また放置したままにするから信用を回復できなくなる。政治家の失言を見ていればよく理解できる。一度目の失言は心を込めて謝罪すれば周りも少しは納得してくれる。しかし、謝罪会見でもう一度、失言したら今度は回復不能だ。

もし、失言したら、「しかしながら」「だけど、私は」「あの時の判断は間違っていなかった」などと余計なことは言わない。火に油を注ぐだけだ。


「か・け・ふ」の「削る」


「か・け・ふ」の「稼ぐ」については第1章で取り上げた。では、「削る」とはどういった行為なのだろうか。

余計な出費、無駄な会議はもちろんいらないものだが、基本的には組織を肥大化するなということではないだろうか。組織を新設したり、人員を増やしていけば余計な出費、無駄な会議が増える。根本的には常に組織を見直すことだろう。

岡藤は社長になる前から「か・け・ふ」というメッセージを考えていて、社長になってから全社に発表した。

「『か・け・ふ』はトップになる前から意識せずに実践していたこと。つまり、稼ぐ、売り上げを伸ばすことは誰でもやる。どこの会社でもやる。それよりも、低重心で行こう、と。僕は繊維の時は自分でやってたけど、社長になってこれを発表したら、冷たい視線を向けられた。社外、社内の両方から。お手並み拝見みたいなのがあったわけです。繊維はまだ会社全体の10％の売り上げもなかったような時代だから。

僕は海外駐在経験がなかった。歴代の社長が経験した業務部にも行ってない。全国区じゃなかった。僕自身が直前までは社長になるとは思ってなかった。大穴や。だから、社長になった時、何かわかりやすいことを発信しないとあかん、と。自分でいろいろなことを考えた結果、自分の言葉で発信していくと決めた。それで稼ぐ、削る、防ぐにした。

大事なのは稼ぐだけでなく、削る、防ぐで、低重心で行こう、と。幸いというか、伊藤忠は財閥系商社に比べると人間の数が3割少ない。同じ売り上げでもこちらの方がひとり当たりの利益は多くなる。だから経費を減らす。これ、常にやらないとダメです。それから、削る、減らすと言っても交際費、会議費を減らすとか、照明を消すみたいなのではいけない。世間でやられているような思い付きで減らすことじゃない。何よりも組織の肥大化を防ぐ。それにはまず管理職の意識を変える。

管理職になると自分の部や課の人数を増やそうとする。上に立つと組織が大きい方がええからね。課長は秘書を付けたり、スタッフを増やしたりする。そうすると、間接費が増えていく。加えて新しい組織を作ったりする。すると、なぜか仕事ができない人間を集める。毎日、会社に来て、電気もトイレも使う。経費も使う。

僕は組織の数を増やすのではなく、ひとつにして人数を多くしろ、と。人数を少なくして組織の数を増やすとだんだん全体の人数が増えていく。大きな組織にしておけば部長1人、あるいは課長1人、スタッフも1人で済みます。削るとは根本的に削ること。だから、組織はつねに大きなくくりにして、スタッフ部門は作らない。

それと経営は足し算だけじゃないよ、と。引き算があるんだぞと。予算計画では誰も損するとは書かない。けれど、現実では引き算になるんですよ。それで、大きな損が出て、想定外だったと。それでは計画の意味がない。引き算を頭に置いておかないといけない」

岡藤が輸入紳士服地課にいた頃は決済手段が現金ではなく手形だった。昔からの業界だったこともあって、商品を売ってから入金されるまでに240日から270日かかるという手形での決済だったのである。

生地の代金が入って来るには順序がある。何よりもまず消費者が生地を気に入って「仕立ててくれ」と言わなくてはならない。すると、テーラーはスーツに仕立てて、できあがったら代金を受け取る。そのためラシャ屋から伊藤忠へ払う手形の支払いサイト（支払い期日までの期間）は長かったのである。

ところが岡藤がイヴ・サンローランを始めとするブランド生地を売るようになってからは劇的に変わった。

「メーカーが受けないような小さなクレームは困ります。控えて下さい」

「支払いサイトも契約通り出荷日起算の180日でよろしくお願いします」

伊藤忠がそういった条件を出してもラシャ屋は「わかりました」とOKしたのである。

なぜOKしたのか。それはブランドの紳士服生地がそれまでの生地よりも爆発的に売れたからだ。ブランド生地は人気だからテーラーも客も欲しがる。大勢の客から代金が入ってくる。テーラーもラシャ屋も儲かったし、代金も早めに入ってきたから現金支払いや、短い支払いサイトを承諾したのである。

岡藤の説明はこうだ。

「儲けるにはまず客先、お客さんを儲けさせることです。客先であるラシャ屋、テーラー、アパレルメーカーは売れれば喜ぶ。消費者はそれまでになかったブランドのスーツを着ることができて喜ぶ。だから、うちが出した支払い条件を履行してくれる。もし、売れない商品だったら、誰も話を聞いてくれませんわ。

繊維の業界は古い業界だから支払いサイトが240日、270日なんて当たり前やった。先輩に聞いても、『お前な、うちの業界は昔からそうなんや。これでやってきたから文句言うな』と。

僕はね、この業界はそんなもんやとそこで終わってしまったらダメだと思う。特に若いうちから業界の悪いところに染まってはいけない。新しい商売をして、相手が儲かって、では、これからはこういうルールにしましょうとやらないといけない。

僕はそのためにもブランドというイニシアチブを握ったんですよ。同じ商品でどこからでも買えるものやったら、相手も条件を変える理由がないでしょ。自分たちがよりいい条件で仕事をしようと思ったら、新しい商売を考えることと、相手に儲けてもらうこと。それしかない。

　商売でイニシアチブを握ったらクレームも減る。ブランド生地を導入する前はラシャ屋、テーラーからクレームがよく来たんですよ。『岡藤さん、この生地、傷があったで』と。ラシャ屋さんならまだ反物の状態だから、それをメーカーに返品すればいい。ところがテーラーだと仕立てるために裁断してるし、縫製賃まで請求される。ほんとに傷があったら仕方ないけど、そうでもない場合もある。マナーの悪い人もいた。もう次からはマナーの悪いところとは商売しないけれど、それでもクレームに対処して生地代から縫製賃まで払わなくてはならない。

　ところが、ブランド生地だとそんなことはできない。『もし傷があったら生地の段階で言ってください』だ。ブランド生地は高いものだからメーカーもちゃんと検品してから出す。傷物は出さないんですよ。

　どんな業界でも『これは仕方がない』といった時代に合わない商慣習がある。それを変えることをあきらめてはいけない。商人とは昔からの慣習を守るよりも、現実に沿わない習慣をなおすことをやる人間のことだ」

「か・け・ふ」の「防ぐ」

伊藤忠が掲げる商いの3原則である「か・け・ふ」で、もっとも重要なのが「防ぐ」ことだ。防ぐとはすなわち特別損失をなくすこと。伊藤忠の幹部たちは特別損失を防ぐため、日ごろから本体の組織、そして約260のグループ会社の経営状況をチェックしてサポートしている。岡藤とCFOの鉢村剛はグループ会社すべての社長の名前をそらんじているし、主業務の概要、業績、幹部の人事を頭に入れている。

鉢村は本体の財務を統括しているが、グループ会社へも部下を派遣して、細かく経営指導をしている。日ごろからグループ会社の状況を把握し、不測の事態が起こっても素早く対応できる体制を取っている。

鉢村は「防ぐ」の役割をこう説明する。

「不測の事態が起きないようにすることです。不測の事態とはすなわち『想定しないような損』が出る時のこと。そうならないために何をすればいいかを関係各社を含めた全社に徹底するのが私の役目です。

それを当社ではコミットメント経営と呼んでいます。ここまで徹底してやっているのは総合商社でもうちだけかもしれません。

各社の営業マンは毎日、お客さんの顔を見ているのか。お客さんがどういう状況になっているかを把握しているのか。工場へ行ったら在庫を確認しているのか。店舗へ行ったら、売れ筋はどういうものかをチェックしているのか……。そこまで徹底して確認させるようにしています」

「か・け・ふ」の「防ぐ」は岡藤の経営で、もっとも大きな特徴だろう。稼ぐ、削るをやっている会社は少なくないだろうが、防ぐを徹底しているところは聞いたことがない。

「僕は社長になってから会議と書類を減らした。僕自身が社長になるまで、ずっと会議を減らさなければいかんと思っていた。会議ばかりしていつ商売をするんだ。書類ばっかり書かされるけど、結局、ちょっと見ただけでそのへんに放ってしまう。こんなことではいけない。だからまず会議を減らして、書類を薄くして、残業もなくした」

伊藤忠は1年に1度、特別経営会議を行う。以前は辞書みたいに分厚いファイル資料を2冊作成していたが、岡藤が薄い資料1冊だけに変えた。

商談はまずイエスから入れ

岡藤は営業の人間に「商談する時はまずイエスから入れ」と指導している。「これはできません」「あれは今、ちょっと人手が足りないから無理です」と最初から言われたら、用件を持ち込んだ方はやる気がなくなる。相談を持ち込まれた時は客をつかむ大きな機会だ。その時に相手が鼻白むようなことばかり言ってはいけない。相手と話す時は、まずイエスと答えることで、働き方は変わる。

「これはイエスマンになれという意味ではない。お客さんと話していて、何か頼まれた時、『それはできません。うちでは扱ってません』と簡単に言うなということ。

その時は扱っていない商品でも、交渉すれば自分のところの商材になるかもしれない。また、その商品が手に入らなかったとしても、類似の商品であればお客さんが買ってくれるかもしれない。お客さんが声をかけてきてくれたら、そこを突破口にしてビジネスにする。そして、さらに大きくしていく。それが稼ぐためのコツです。

もうひとつ重要なのは、クレームを嫌がってはいけない。クレームは吉であり、クレームは営業のきっかけになる。もちろん、こちらが約束を破ってしまったといった非常識なミスに対してのクレームであれば誠心誠意、謝るしかない。しかし、そうではないクレームもある。それは自分の仕事を見直すいい機会だ。

『台風が来た。それで、お宅の納品が遅れた。うちは損をした』と言われたとする。これに対して、どう謝るか。『台風がいけない』『運送会社が悪い』と答えたら、言い訳しているだけ。それよりも、すみませんでしたとあっさり謝って、次に台風が来た時はどうすればいいのかを考える。その対処策を持って、謝りに行って提案して帰ってくる。

お客さんのクレームは自分の仕事のやり方を見直す機会だ。クレームというものはお客さんが日ごろから思っていることを知る大きなチャンスだ。クレームがあったら飛んで行って直接話を聞く。電話やメールだけで謝るのはもってのほか」

岡藤の「まずイエスから入れ」という言葉を聞いて思い出したのが、作詞家・プロデューサーの秋元康から聞いた、彼が放送作家としてデビューした当時のエピソードである。

放送作家はテレビの仕事が終わると、みんなで酒を飲むことがあった。新人だった秋元は先輩たちが「オレは直木賞を取って作家になる」「映画を監督する」と言っているのを聞いて、内心、感心していた。しかし、2年後も3年後も彼らが同じことを言っているのを見て、ふたつのことを決めた。

ひとつは酒を飲むのをやめること。そういう場所に行かなければいいと思ったのである。

もうひとつは、自分は放送作家だけでなく作詞家、作家、映画監督のすべてになること。それ以後、彼はそれまでにやったことのなかった仕事を頼まれたら、やれるかどうかなど考えずに、「得意だからやります」と即答することにした。

「秋元さん、あなた、海外の歌の訳詞をやったことある？　やってみない？」

そう聞かれた時、秋元はこう答えた。

「ありがとうございます。僕は放送作家になる以前から訳詞と作詞ばっかりやってました。特に訳詞は得意だからすぐやります」

実際のところ、秋元は訳詞、作詞をやったことはなかったが、歌詞を書いてみたら曲はヒットした。

訳詞、作詞をやったら、今度は「映画監督をやらないか」と依頼された。

「あ、それ、得意だからやります」

小説でも、プロデュース業でもなんでも依頼されたらやった。そうしているうちに、彼は作詞家として日本一になり、小説も映画もヒットさせたのだ。

話は伊藤忠に戻る。

働き方を変える言葉のひとつが「現場へ行く。現場を感じる」ことだ。商人は現場に行ってそこで商売のセンスを磨くからだ。

「社長室でふんぞり返っていては経営はできない。人を呼んで『これ、どないなっとるねん』と聞くことは大事。しかし、聞いただけではいけない。聞いたら必ず自分で検証に行くこと。部下の報告をそのまま聞いて判断しているようでは生きた経営は出来ない。

僕自身はいろいろな店をのぞきますが、近頃よく行くのは渋谷ではドラッグストア、東急ハンズ（現ハンズ）、そしてメガドンキにニトリ。デンタルフロスの値段を比較したのだけれど、ドラッグストア、東急ハンズ、メガドンキでいちばん安かったのはメガドンキ。感心して、うちに帰ってアマゾンで値段を調べたら、ネットはもっと安かった。

商品のディスカウントの仕方にも特徴がある。たとえばメガドンキは他の店でも普通に売っている商品は安くする。一方で、独自のプライベートブランドは安くはしない。プライベートブランド商品で利益を出すわけだ。こんなことは現場に行かないとわからない。

レポートを読んでるだけでは、こうしたディテールはわからない。しかし、商売に大事なのは細部の事実だ。どういうお客さんがいて、何を買うかを自分で見ることが商人の勉強です。会社の経営だって、そういう目線でしなくてはいけない。自分が足を運んでいって見たこと、聞いたことがセンスになる」

岡藤はふとしたことに疑問を持つ。

「テレビに出てくる天才料理人を見ていると、激しい性格の人が多いような気がする。調理場で部下を怒鳴ったり、偏屈で人と口を利かなかったり。しかし、実際のところはどうなんだろう。モノには性格や人柄が表れると思う。

それはある人からこんな話を聞いたからなんです。大阪に昔、LONNER（ロンナー）というスーツの会社がありました。今は別の会社が工場や商標権を引き継いでます。スーツなどを作る会社で、技術力があって、伊藤忠はかつてミラ・ショーンのスーツをそこで作ってもらっていた。

ロンナーの亡くなった先代と食事をしていた時、先代が『岡藤くん、技術者いうのはね、性格の穏やかな人が良いものを作るんだよ』。そうか、良いものを作る技術者は穏やかな人なんだ、と。ということは、おいしいものを作る人だって穏やかなんじゃないか。人が作ったモノには性格や人柄が表れるのだから、料理だって同じでしょう。非常に気性の激しい人が料理を作ると、バランスのとれたものにはならないんじゃないか。穏やかでいるためにはやはり人間を磨く。これは商人にとってもためになる話です」

朝型勤務と110運動

伊藤忠に勤める人たちの働き方は変わった。とりわけ効果があったのが朝型勤務と110運動だ。

伊藤忠に勤める幹部、社員の朝は早くなった。経営幹部は午前6時過ぎには出社して仕事をしている。そして多数の社員も午前7時過ぎには出社する。帰宅も早くなった。「残業はするな」が同社の方針だからだ。

午後8時から10時までの残業は「原則として禁止」。深夜勤務（午後10時から朝の5時）は「禁止」だ。そして、朝早く来た者には残業代と同じように賃金を支払っている。

朝早く来て、2時間働いたら、通常の3時間分と同じ金額になる。それであれば誰だって早く来る。残業するよりも早く来て働いた方が健康にもいい。そして、残業がなくなれば早く帰って家族と一緒にゆっくりできる。趣味の時間を楽しむこともできる。

加えて、朝早く出勤した人間には無料で朝食を提供している。本社に午前8時までに出社したら、地下にあるスペースでファミリーマートが用意したおにぎり、サンドウィッチ、飲み物などを無料で3個まで取ることができる。おにぎりを3個取ってもいいし、2個とウーロン茶1本でもいい。もちろんサンドウィッチでもかまわない。無料朝食を提供するスペースが開くのは6時半で、8時になるとレジは閉まる。

朝型勤務の効用を高めている施策が110運動だ。韓国の財閥企業サムスンの「119運動」をモデルにしたものだ。サムスンでは社員が懇親する場合、1次会だけで、酒の種類も1種類、そして午後9時までと決めている。それが119運動だ（注　119運動は現在、「112運動」になっている。1次会、1種類のお酒、2時間までの会食）。伊藤忠の場合、懇親は1次会まで。そして午後10時には終了して帰ると決めた。同社では酒豪を自負する人間でも、午後9時45分になると、口数が少なくなり、あたふたと帰り支度を始める。

岡藤は朝型勤務と110運動について「当初は反対が多かった」と言っている。

「『時間の管理は会社がするものじゃない。本人がすることだ。私たちが若かった時代は夜中まで仕事して酒を飲んで、朝になってボロボロでも早くから会社に来て仕事をしたもんだ。それが商社マンだ』。そう言う人が大勢いた。確かにそんな時代だった。僕だって、そういうことをやっていたわけだから。だが、今はもうそんな時代じゃない。

職場をよく見ていると、課長がなかなか帰らないんだ。それに付き合って課長以下が午後8時、9時まで残っている。そりゃ若い人は上司がいると帰りにくいでしょう。課長が残業するのは自宅に帰っても食事がないからだろう。いつも遅く帰るから、奥さんは準備していない。だから外で一杯飲んで会社の愚痴ばっかり言うてる。

朝型勤務を導入してからは完全に変わった。会社を早く出たい人は午後4時には堂々と帰っている。ただ、残業がなくなると生活が苦しくなる人がいる。最初から残業代が家計の予算に入っているからね。だから、朝早く来た分の時間給を通常勤務の1・5倍にしたわけです。どうせ残業するのなら、朝早く来て2時間半働けば、17時15分以降の夜の残業の3時間分になる。そうすれば残業代も変わらないし、むしろ効率がいい。

それに、朝の仕事は終わらせないとお客さんが来たりする。だから早くやる。一方、夜はもう際限なくダラダラと残業してしまうから効率が悪い。会社にとっても残っている社員が使う電気代から何からものすごく経費が多くかかる。朝型勤務にしてから会社は無料で朝食を出しているんですが、トータルの経費はものすごく減りました。それに前は夜遅くなるとタクシーで帰るのが多かった。タクシー代も激減したから、これもコストの抑制になっている。ただし、会社の前に止まっていたタクシーの人たちは怒ってますが。

110運動も効果が上がっている。これもまた会社の近くにある飲食店が、『伊藤忠の人たちが遅くまで飲んでくれなくなった。商売あがったりや』と怒ってます。

110運動のおかげで酒の席でのもめごともなくなった。うちの社員は体育会系が多い。年末年始になると忘年会や新年会でケンカしたり、問題を起こすのがいた。ちょっとしたことでケンカして会社で処分を受けたら、本人も家族も可哀そうだ。いろいろ調べてみると、酒を飲み過ぎてもめごとが起こることが多かった。それで2次会はよそう、と。110運動を採り入れてから問題は少なくなった。ただ、これは『運動』です。業務命令ではない。強制ではない。ただ、2次会行って飲酒で問題を起こしたら厳罰にしています」

米とようかんを背負ってジャングルへ

伊藤忠には海外動務の人間がいる。ニューヨーク、ロンドン、上海といった都市の駐在員なら、日本で暮らしているのとそれほど変わりのない生活環境で仕事ができる。だが、資源、食料、木材などの担当者の場合、海外の僻地で勤務しなければならない場合がある。いわゆる「ワンマンオフィス」だ。なんでもかんでもひとりでやらなければならないし、日本食を食べることもままならない。当然、日本人学校もないから、家族を日本に残し、単身赴任しなければならない。

石油、天然ガスなどの資源担当の駐在員の場合、海外の主要な都市から10時間以上も離れている採掘地に暮らさなければならない。

他の商社であれば日本から幹部が訪ねていくとしても、ひとりだけが駐在しているジャングルや砂漠の奥地まで行くことはないだろう。「奥地から出てきてくれ」と主要都市まで駐在員を呼び出すのが通常ではないか。もしくはオンライン会議だろう。

だが、伊藤忠は行く。日程やセキュリティの問題から会長の岡藤、社長の石井が行くことは少ないが、岡藤の名代として副社長の小林文彦は秘書も連れずにひとりで出かけていく。大学時代、添乗員のアルバイトをしていた小林は、ひとり旅を苦にしていない。小林はアフリカの奥地でも、極北のロシアでも、砂漠の真ん中でも、巨大なスーツケースを2つ携え出かけていく。

小林は微笑みながらわたしにこう言った。

「陣中見舞いを持って行くんです。なかに入っているものは大量の米とようかん。それと岡藤からの手書きメッセージです。一度、部下から『小林さん、そんな重いものを持って行かないで送ればいいじゃないですか』と言われたことがあります。冗談じゃないと、こう言い返しました。

『いいんだ。重いものだから価値がある。しかも、私ひとりで持って行くことに意味がある』」

小林は米を30キロも持って行く。飛行機に乗り、鉄道、長距離バス、船を乗り継いで、最後はおんぼろタクシーを雇って僻地のオフィスへ行く。

「駐在員はびっくりします。そこからが面白い」と小林はにやっと笑った。

「みんな涙するんです。号泣する者もいる。良く来てくれましたと言って。僕だって重いもの運んで疲れてますけど、感涙にむせぶ姿を見ると、それまでの苦労は全て吹き飛びます」

子どもは何人いようが大学院まで出す

商人にとって、いちばん大切なことはむろん稼ぐことだ。自分の力で金を稼いで税金を払って社会に貢献していく。それでもまだ余裕があればそこからまた寄付行為をすればいい。

だが、それとはまた別に、一緒に働く仲間に対して愛情を持っていなくてはならない。商人の会社、伊藤忠で働く人間に共通する特徴は何かと問われたら、商売上手でもなければぐいぐい押してくるアグレッシブさでもない。それは仲間に対する愛情だ。それが現れているのが、在職中に亡くなった仲間とその家族に対するサポート制度である。

サポート制度ができた背景には、ひとつの物語がある。

岡藤が社長に就任した時、繊維部門のある社員がガンで闘病していた。その社員は長い闘病期間を送り、会社を休んでいた。そのため、日ごろから会社に感謝していた。

その社員は岡藤に宛てて、次のようなメールを送ってきた。

「極めて長い休職期間、医療費についての高いカバー率、組織としてのサポートに対してお礼を申し上げます。ありがとうございます」

そして、メールの末尾にはこう付け加えてあった。

「私の中では伊藤忠が日本で一番いい会社です」

だが、その社員はメールを送ってきてから1カ月を待たずに56歳の若さで亡くなってしまったのである。葬儀に出席した岡藤は、人目もはばからず号泣し、霊前に誓い、弔辞を述べた。

「今、私ができることは、あなたが良い会社だ、一番だと言ってくれたこの会社を、さらに素晴らしい会社にして、近い将来、報告することです。

わが社は他社に比較し、社員数が少なく、例えば三菱商事の7割しかいません。少ないだけに社員一人一人の価値は大きく、私にとっては皆が家族のようなものです。必ずやります」

岡藤は幹部たちと相談して、社員を健康にすること、亡くなった仲間に対して報いる施策を考えた。そして、ある程度まとまったところで、考えと経過を全社員に向けてメールしたのである。

「もし、仮にガンに罹患したとしても、本人が安心してそれを職場で相談し、職場の仲間が皆で支援をすることができるような仕組み、体制を作りたいと考えています。

皆さんのご家庭でも、家族の危機に際しては、家族全員が、持ち得る最大限の力と団結心とで支え合うことと思います。私達の職場も同様であって欲しいのです。闘病に際しては、最先端の治療が受けられる様に支援を考えたいと思います。そして、治療だけでなく、普段からガンにならない予防も重要であり、そのための施策も合わせて強化して行きたいと思います。

私は『日本で一番いい会社』と言ってくれた故人に思いを馳せ、敢えて宣言しておきたいことがあります。それは、仮に病気や怪我で、社員が在職中に万が一の事態になったとしても、残されたご家族に心配がないように徹底した支援を行って行きたいと言うことです。残されたお子さんがいる場合には、何人いようとも全員、大学院を修了するまでの教育費補助を拡充します。

そして将来、お子さんが社会人になる際に、就職先として当社グループを希望されるならば、適切な職場をグループ内で斡旋するようにしたいと思います。また、仮に残された配偶者が家事専業であっても支援いたします。ご本人に就職の意思があるのであれば、当社グループの中で必ず職場を斡旋したいと思います。

私自身、昔、比較的大きな病気を体験し、希望を失いかけたことがありました。それもあって病気になられた社員が、常に前向きになれる様に、最小限の心配と、最大限の希望を持って働き続けてもらいたいのです。

人は自分の居場所はここだと思った時に、大きな力を発揮するものです。その力は業務遂行のみならず、闘病に於いても有効です。皆さんの居場所は、伊藤忠の現在のその席であって、皆さんは、かけがえのない伊藤忠の家族であることを常に忘れないでいただきたいと思います」

日本の会社のなかには在職中に社員が亡くなった場合、サポートするところは少なくないだろう。だが、「子どもが何人いようが全員、大学院を修了するまでの私学ベースの教育費を負担する」ところは他にないのではないか。

いい賞品はブービーメーカーに

総合商社の仕事は変質している。かつては仲介業で、貿易取引の仲立ちが商社の主な仕事だった。ところが、通信、ＩＴの発達で仲介業というビジネスが成り立ちにくくなってきた。そこで、総合商社のビジネスは事業投資がメインとなった。

本社の経営トップはグループ会社の仕事の中身、業績、そして幹部の行動に至るまで把握し、アドバイスできなくてはならない。だが、繊維、食料から始まって、資源、エネルギー、ＩＴ、エンターテインメント……。そうしたすべてにわたって知識を持って経営判断することは容易なことではない。

そこで岡藤は、グループ会社の数字、業績は見るけれど、細かいところはＣＦＯの鉢村のチームにまかせることにしたのである。代わりに岡藤は、グループ会社の経営陣を見る。グループ会社のトップの名前を覚え、現場に足を運び、会食をする。主人役としてゴルフコンペの設営まで自ら行っている。

岡藤はこう説明する。

「いかにグループ会社が大事か。グループ会社を育てることも仕事です。うちの場合は三井、三菱と違って伊藤忠にいた人間がグループ会社のトップとして采配を振るうことがほとんど。人選も僕と伊藤忠の経営陣で行います。

相談に乗るだけではなしに慰労、激励、お疲れさま会も僕自身が主催します。各カンパニーの主要な事業会社の社長や幹部をゴルフコンペに招待するわけや。豪華賞品を付けて、打ち上げの食事をして、奥さんたちのためにお弁当も用意して持って帰ってもらう。

事業会社ごとにコンペをやりますからシーズンは忙しい。規模の大きな事業会社なら20人は呼びます。ゴルフでは5組かそこらになりますな。会場はスループレー（休憩や昼食を挟まずに18ホールをプレーすること）ができるところと決めてある。スルーでやって、終わってから都内に戻ってレストランで食事をして豪華賞品を渡す。春になると6回から7回はそんなコンペをやって、必ず僕が出席します。賞品も僕が決めてます。だって、ゴルフが下手な人もおるでしょう。下手な人はコンペで賞品をもらったことがないでしょう。それじゃかわいそうだから、コンペの賞品は下手な人にこそあげたいと思った。まずブービー（最下位から2番目）の人は2位と同じ賞品。ブービーメーカー（最下位）は優勝と同じ賞品。そういう細かいところまで考えるのがトップの仕事で、それが接待。

僕の接待はマーケットインだ。下手な人の気持ちになってコンペを設営する。ゴルフコンペへ行くとわかるけれど、ブービーメーカーの人ってだいたい決まってます。いつもビリなんです。そういう人は楽しくないし、コンペに来ても、ちゃんとした賞品をもらったことはないんですよ。本当なら来たくないだろうけれど、仕事だから来ている。それではかわいそうやから、僕が主催する時は豪華賞品をブービーとブービーメーカーにあげる。そうしたら、ほんとに喜ぶ。

『ありがとう。ゴルフで賞品をもらったのは生まれて初めてや』

そういう人もいる。その人は間違いなく翌日からものすごく頑張って仕事をする。グループ会社が頑張れば利益が出て伊藤忠も儲かる。だから、ゴルフコンペもまた重要なんです」

伊藤忠は創業者の時代から社員に優しい会社だった。創業者の伊藤忠兵衛は明治時代、月に6回も社員に牛肉を食べさせて慰労した。花見や祭りに連れて行った。相撲見物、旅行にも連れていった。働く人を大切にする社風は、創業以来のものだ。

伊藤忠の「商人の心得」は社員に優しい社風から生まれたものでもある。

野地秩嘉　1957年生まれ。ノンフィクション作家。著書に『サービスの天才たち』『トヨタ 現場の「オヤジ」たち』『高倉健インタヴューズ』『伊藤忠――財閥系を超えた最強商人』など多数。

Ⓢ新潮新書

1082

伊藤忠《いとうちゅう》 商人《しょうにん》の心得《こころえ》

著 者 野地秩嘉《のじつねよし》

2025年3月20日 発行
2025年7月5日 5刷

発行者 佐 藤 隆 信

発行所 株式会社 新潮社

〒162-8711 東京都新宿区矢来町71番地
編集部(03)3266-5430 読者係(03)3266-5111
https://www.shinchosha.co.jp
装幀 新潮社装幀室
組版 新潮社デジタル編集支援室

印刷所 株式会社光邦
製本所 加藤製本株式会社

ISBN978-4-10-611082-5 C0234

価格はカバーに表示してあります。

新潮新書